Advanced
English Grammar
for Reading

読解のための
上級英文法

Tagami Yoshihiko

田上芳彦

研究社

はじめに

　本書は英文を読むために必要な文法事項のうち，一般の学習参考書であまり重点的に扱われていないために盲点となりがちな文法事項をまとめた，いわば**「難解な英文を読むための英文法ポイント集」**です。想定する主な読者層は，特に英語を得点源としたい難関大学受験生，これから教壇に立とうとする英語教員志望の大学生の皆さん，実際に英語を教えたり仕事で使ったりしている社会人の方々です。また，大学受験レベルの基礎的な文法事項は一通りマスターしており，さらにニュース，エッセイ，論考などの英文を正しく読めるようになりたい方にもおすすめです。そういう意味では**「大学受験英語と社会人英語の橋渡し」**の役割も兼ねていると考えていただければと思います。

　英文を読む際，もちろん目的によっては，「ざっと読んで大意がわかればよい」，言い換えれば「細かいところにこだわらない」といった読み方の必要性が説かれることもあるでしょう。しかし，英文をきちんと深く理解しようと思ったら，結局はしっかりした英和辞典と英文法書を（最低）1冊ずつ手元に置いて，英文を読んでいて出会った疑問を1つ1つ解決しながら学んでいく以外に道はないように思います。その際，一般の文法書を補完する本があれば，というのが本書の執筆の動機です。

　本書は2015年に駿台文庫から出版された『「読む」ための英文法』のいわば増補改訂版に相当します。同書の出版後に新たに気に留めた文法事項を30項目程度書き加えるとともに，記述の内容や項目の配列なども大幅に見直し，用例もより適したものに差し替えました。また，解説では，大学入試問題などの実例で示しながら，簡潔でわかりやすい説明となるよう心がけました。

　最後になりましたが，本書の出版の機会を与えていただいた研究社に感謝するとともに，編集をご担当いただいた青木奈都美さんには，様々な観点からのご指摘や有益なご提案をしていただきました。この場を借りて深くお礼を申し上げます。ありがとうございました。

2023年秋　田上芳彦

目　次

本書の使い方

本書の読み方

・ 本書では，英文を読んでいて誤読しやすい表現や，成句だと気づきにくい表現，日本語に訳しにくい表現などを多く扱っています。そうした表現に出会ったときにそれが本書で扱われていることが思い出せるよう，まずは目次に目を通してみることをお勧めします。その上で，面白そうだと思ったどの項目からでも読んでいただければと思います。

・ 説明文中には参照（⇒）を多く入れてありますので，積極的に活用してください。

・ 巻末索引で英語表現から検索することも可能です。

凡例

S, ⓢ	主語
V, ⓥ	（述語）動詞
O	目的語
C	補語
S'	意味上の主語
N	名詞
英文中の（　）	（　）内は省略可であることを示す
英文中の[　]	直前の語句の言い換えを示す
doing	動詞のing形（動名詞，現在分詞）
to *do*	to不定詞（to＋原形）
⇒	参照

英文について

　大学入試に出題された英文については，英文末尾に（　）で出題校を示しています。その際，学習の便のため，英文を短くするなどの改変を加えた場合があります。また英文中でのポイントとなる箇所を示すため，イタリック体や太字に変えたところがあります。

第1章 | 時制・助動詞・仮定法

1.1 進行形の特殊用法(1): 次々に…している

動詞 die（死ぬ）を進行形にした He is dying. を「彼は死んでいる」と訳すのは変だというのはご存じですね。日本語で「死んでいる」は通例「死んだ状態である」の意味ですが，die という一瞬で完結する動詞を進行形で使うと「死にかけている，死にそうである」という意味で解釈するのが普通です。

では，次の dying はどんな意味でしょう。

A large number of children **are dying** of hunger in Africa.

「アフリカにいる多くの子どもたちが，飢えが原因で今この瞬間一斉に死にかけている」（？）という意味では変ですね。実は，英語の進行形には，主語が複数形のとき**「次々に…している」**という意味を表す用法があります。この文は「アフリカでは，数多くの子どもたちが飢えで次々と死んでいます」という意味を表します。

他の実例を見ておきましょう。

All across the United States, local governments **are closing** public libraries or **reducing** their opening hours.　　　　　　　　　　（学習院大）

（訳）アメリカ全土において，地方自治体が公立図書館を次々と閉鎖したり，開館時間を短くしたりしている。

この文脈で close や reduce を「…している最中で」という進行の意味にとるのは不自然です。

この用法は次のように受け身の場合でも使われます。

Although the United States doesn't appear ready to accept a woman president as have some other nations around the world, American women **are being elected** and **appointed** to high public office in increasing numbers.　　　　　　　　　　（香川大）

（構文）as の後の have (V) ... nations (S) は倒置（⇒ 7.10）

（訳）アメリカ合衆国は，世界の他の一部の国とは違って，女性の大統領を受け入れる準備ができていないように見えるが，アメリカの女性は次々と高官に選ばれ任命されておりその数は増加している。

さらに，この用法が第5文型（SVOC）の補語の位置で使われているの

が次の例です。補語の現在分詞dyingの意味上の主語にあたる目的語の smokersが複数形で，smokers were dyingという進行形と同じ意味を表しています。

> You see, my father was a doctor. He'd been following research on smoking and cancer for years in medical journals and conferences. Every week, he saw smokers **dying** of lung cancer in local hospitals. （横浜市立大）

訳 私の父は医師でしたからね。父は医学雑誌や医学の会議で何年間も喫煙とガンに関する調査を熱心に追っていました。毎週，父は喫煙者が地元の病院で肺ガンで次々と亡くなるのを見ていました。

1.2 進行形の特殊用法(2): 丁寧さを表す用法

動詞のwonderやhopeは進行形にすることで，丁寧さを表すことがあります。時制を過去形にすることによっても婉曲的な表現になりますので，wonderを例にとれば，以下の(1)→(4)の順でより丁寧で控えめな表現になると考えてよいでしょう。

(1) I wonder ...
(2) I'm wondering ...
(3) I wondered ...
(4) I was wondering ...

 より丁寧

その理由に関しては，『ウィズダム英和辞典』のwonderの語法欄に「進行形を使うことによってまだ決心がついていないことを暗示して，相手に選択の自由を与えることで丁寧さを出す」というわかりやすい記述が載っています。
以下の対話文で具体的に見ておきましょう。

> Ms. Jones: Hello, Kazuko. What can I do for you?
> Kazuko: **I was wondering** if we could meet earlier than we planned, maybe on the 27th. （センター試験）

訳 ジョーンズ：もしもし，カズコさん。何かご用かしら？
カズコ：予定よりも早く会えないかと思って。27日とかどうかしら？

上の対話文のI **was wondering** if we could ... という過去進行形は，過去の
ある時点で「…かなあと考えていた」という意味ではなく，「…できないも
のかと思っていたのですが（…できますでしょうか）」という非常に控えめな
依頼を表しています。

1.3　should (not) have to

〈**shouldn't have to**〉という表現があります。一見shouldn't（…すべきではな
い）と have to（…すべき）は逆の意味のように思えますが，このフレーズは，

(a)「…しなくてはならない」(have to) という嘆かわしい現実があること
を認めたうえで，
(b) そういう状況が「あるべきではない」(shouldn't)

という主旨で用いられます。**直訳すると「…しなければならないような（好
ましくない）ことがあってはならない」**という意味になります。

　たとえば，以下の文を見てください。

People in the regions **should not have to** travel to London to fly to the
United States.
（地方の人がアメリカに飛行機で行くためにロンドンまで移動しなければいけ
ないということは望ましくない。）

この文は，People in the regions have to travel to London to fly to the United
States., つまりイギリスの地方に住む人がアメリカへ飛行機で行くのにいっ
たん首都のロンドンまでわざわざ移動する必要がある，という現実を踏まえ
て，これにshould not を添えることで「しかし，そういう事態は本来あって
はならない」と訴えているのです。

　この〈shouldn't have to〉というフレーズは，主語に否定が含まれる場合，
shouldn'tがshouldに変わります。

No American **should have to** drive out of town to breathe clean air.
（アメリカ人がきれいな空気を吸うために車で街の外に出なければならないの
は望ましくない。）

なお, should have toが否定語を伴わない場合は，次のような可能性があります。

① 個人的な見解を述べる場合

「(…しないで済ますこともできるが) …すべきなのが望ましい」という個人的な見解を述べる場合です。この場合は，should (…するのが望ましい) とhave to (…すべき) の意味をそのまま足して「…すべきなのが望ましい」という意味を表していると考えればいいでしょう。

> He also thinks Australian politicians **should have to** retire at 70.
> (彼はまたオーストラリアの政治家は70歳で引退すべきなのが望ましいと考えている。)

② 時制の一致

shall have to (…しなければならなくなるだろう) のshallが，いわゆる時制の一致でshould に変わった場合です (このshallは未来を表す助動詞)。

> Before I began the study of human relations, I would have told this future depositor that if he refused to give the bank this information, we **should have to** refuse to accept his account.　　　　　　　　　　　　(千葉大)
>
> **訳** 私が人間関係の研究を始める前だったら，将来預金者になるであろうこの男性に，銀行側にこの情報の提供をしないと，口座開設を拒否しなければならなくなるだろうと言っていただろう。

この場合，that節以下のifの部分を実際に言ったセリフの形で (直接話法で) 表すと，"If you refuse to give the bank this information, we **shall have to** refuse to accept your account." となります。このshallが過去形になって，should have toという形になったと考えればよいでしょう。

③ 文法的に必要なshouldの後にhave toがある場合

文法書や辞書でshouldを調べると，「話し手の感情や判断を表す形容詞や名詞に続くthat節で用いられるshould」というのがあります (このshouldに「べき」という意味はありません)。この後にhave toが続くとこの形になります。

It is a pity that you **should have to** leave this country.
（あなたがこの国を離れなければならないなんて残念だ。）

1.4　助動詞＋have＋過去分詞

〈**must have＋過去分詞**〉が，「…した［…だった］に違いない」という，現在から過去を振り返った推量の意味を表す用法はおなじみだと思います。

　I can't find my keys. I **must have dropped** them somewhere.
　（鍵が見当たらない。どこかで落としたに違いない。）

　この〈must have＋過去分詞〉には，**義務の意味のmustに完了の意味の〈have＋過去分詞〉がついた用法**もあります。つまり「（ある時点までに）…してしまっていなければならない」という意味で，この場合，〈have＋過去分詞〉は行為の完了の意味を強調しており，過去のこととは限りません。期限を表すbyやbeforeとともによく使われます。以下はアメリカに不法に連れてこられた子どもの救済計画に関する記事の一節です。

Also, applicants must be under the age of 31 and **must have arrived** in the U.S. before turning 16.　　　　　　　　　　　　　　　　　　　　(VOA news)

　訳　そして，応募者は31歳未満で，16歳になる前にアメリカに着いていなければならない。

　この〈have＋過去分詞〉が完了の意味を強調する用法は，他の助動詞でも使われます。

　His plane **should have reached** Paris by now.
　（彼の飛行機は今ごろはパリに着いているだろう。）

　次の文は，人間のこれまでの進化の話ですので〈will have＋過去分詞〉が未来完了という解釈は無理です。このwillは推量を表して「…してしまっていただろう」の意味です。

..., so the ones who succeeded **will have been** those whose brains produced behaviours well suited to those pressures. (群馬大)

訳 だから（生存に）成功した者たちは，そうした（進化を妨げる）圧力にうまく適合している行動を作り出す頭脳の持ち主であったのであろう。

1.5 you (may) want to

英和辞典でwant toを引くと，「…したい」という意味のほかに，主語が二人称や三人称のとき，**相手に向かって助言や提案を表す**用法が載っています。

You want to see a doctor. （医者に行ったほうがいいよ。）

次の文は，ペットショップで子犬を見ていた子どもが，足に障害を持つ子犬を見つけたときの，店主とのやり取りです。上で説明したwant toが否定文で使われています。

"That is the very puppy I want to buy."
The store owner said, "No, **you don't want to** buy that little dog. If you really want him, I'll just give him to you." (東邦大)

訳 「それこそまさに僕が買いたいと思っている子犬だよ」
店主は言った。「いや，その子犬は買わないほうがいいよ。もし本当に欲しいなら，坊やにあげるよ」

want toはかなり強い口調で指示や警告を表しますが，助動詞のmayやmightを添えると意味が弱まり提案の意味になります。

If you're looking for a place to eat downtown, **you may want to** borrow this restaurant guide. (センター追試)

訳 もし繁華街で食事のできる場所を探しているなら，このレストランガイドを借りたらどう？

なお，この形がいつでもこの助言の意味になるとは限りません。次の文ではそのままの意味で使われています。

What is a human life worth? *You may not want to* put a price tag on it. But if we really had to, most of us would agree that the value of a human life would be in the millions.　　　　　　　　　　　　　　　　　　（大阪大）

> 語句 put a price tag on ... …に値をつける　 in the millions 百万台で
>
> 訳 人間の命の価値はどのくらいだろう？　値をつけたいとは思わないかもしれない。しかしもし私たちが本当にそうしなければならないとしたら，私たちの大半は，人間の命の価値は何百万ドルという額になることで意見が一致するだろう。

1.6　if S were to

〈**if S were to**〉という形には2通りの可能性があります。

① if節の中で用いられる仮定法のwere to

　実現度の高低は考慮せず，「仮に…するようなことがあれば」の意味になります。この場合，周辺の文が現在形で書いてあるのに，主節にwouldなど助動詞の過去形が使われている，またif節の中で主語が単数形なのにwereになっている，といったことを手がかりにして見破ることができます。

> **If** this great volume of ice **were to** melt, the volume of the world oceans would increase, and the sea would rise to dangerous levels.　（東京家政大）
>
> 訳 仮にこの大量の氷が溶けるようなことがあれば，世界の海洋の水かさは増え，海面は危険なレベルにまで上昇するだろう。

　ちなみに，この仮定法の〈if S were to ...〉も普通のif同様，even ifの意味を表して「たとえ仮に…するようなことがあっても」と譲歩の意味で解釈したほうがいい場合もあることは覚えておきましょう（⇒7.11）。

> I would stand by you **if** all the world **were to** turn against you.　（立命館大）
>
> 訳 たとえ仮に世間が君に背を向けるようなことがあっても，僕は君の味方だよ。

なお，以下の例ではifの代わりにsupposeが使われていますが，were toは同じ意味を表しています。

> *Suppose* someone **were to** ask you what English is. You might respond by pointing to examples of written or spoken English. （信州大）
>
> （訳）仮に誰かから英語とは何かと尋ねられたとしよう。書いたり話されたりした英語の例を示すことによって答えてもいいだろう。

② if節中の〈be to不定詞〉のbeが過去形の場合

　この場合，if節の中の主語が人間なら，たいていその人物の意志を表して**「もしSがVするつもりなら」**という意味になります。この場合のwereは仮定法ではありませんので，主語が単数ならwas toになりますし，主節に助動詞の過去形は用いられません。

> One of us had to do it, **if** we **were to** prevent the business from falling apart. （甲南大）
>
> （訳）もし事業の破綻を防ぐつもりがあったなら，私たちの一人がそれをしなくてはならなかった。

　もしif節の中の主語（S）が無生物なら，「もしSにVしてほしいなら，もしSにVさせるつもりがあるなら」のような第三者の意志を表します。

> As soon as he began to give himself to music, all his senses were as good as dead to other activities, and even his childish silliness and games with toys had to be accompanied by music **if** they **were to** interest him. （日本女子大）
>
> （語句）as good as ... ほとんど…も同然
>
> （構文）they = his childish silliness and games with toys（※文中のheは幼少時代のモーツァルトを指します）
>
> （訳）彼が音楽に夢中になると，たちまち彼のあらゆる感覚が，音楽以外の活動に対してはほとんど麻痺したも同然となり，子どもらしい悪ふざけや玩具を使った遊びも，もしそれらを使って彼の興味をかき立てたいなら，音楽が伴っていなくてはならなかった。

1.7 that節内の原形

〈提案［要求，命令，決定］する＋that節〉という形では，that節内で動詞の原形（仮定法現在）が用いられます（これは主にアメリカ英語の用法で，イギリス英語では〈should＋原形〉が用いられます）。例文を見ておきましょう。

(a) She *suggested* that we **go** for a stroll after dinner.
（彼女は私たちが夕食後散歩をすることを提案した。）

では次の例をみてください。

(b) His *suggestion* was that a letter **be** sent to all parents.
（彼の提案は手紙をすべての親に送ることだった。）

この文のthat節は，wasの補語となる名詞節で，that節が動詞の目的語となっている(a)とは違います。ただ全体が第2文型（SVC）で「suggestion（提案事項）＝that節の内容」という関係が成り立っているので，実質「that節の内容が提案されている」ことになります。このような場合，**補語となる名詞節であっても，that節内で原形が使われる**ことがあります。

　また，この仮定法現在の原形は，以下のような「必要な，重要な，望ましい」の意味を持った形容詞の後のthat節でも使われることがあります。あわせて確認しておきましょう。

Ordinary drinking water, however, must be clean and clear. It is usually free from color, taste, and smell. It is *essential* that it **contain** no harmful bacteria, and it usually must have only a minimum amount of minerals and salts.

(同志社大)

語句 free from ...（危険・じゃまなど）がない

訳 しかし通常の飲料水はきれいで透明でなくてはならない。通常，色，味，臭いもない。有害なバクテリアを含まないことが極めて重要で，通常，最低限の量のミネラルと塩分しか入っていてはいけない。

　この形容詞がイディオムになった次のような場合もあります。

Once having said something, you feel you must stick to it. Hence it is *of the very greatest importance* that a person **be** started in the affirmative direction.
(千葉大)

> （訳）いったん何かを言ってしまうと，それにこだわらなくてはならないと感じるものです。したがって，肯定的な方向で人に話を始めさせることが極めて重要になるのです。

この場合，it is *of* the very greatest *importance* が it is extremely *important* の意味になりますので，that 以下に原形が使われています。

1.8 副詞節中の原形be

　格式ばった英語では，**条件や譲歩を表すif節やwhether節内で，be動詞が原形のままで使われる**ことがあります。この原形は文法上は仮定法現在ですが，現在形の場合と同じように解釈して構いません。

① whether S be A or B 「SがAであろうとBであろうと」

The understanding of a specific historical context unique to each country is important for the comprehension of politics for two reasons, **whether we be** talking of Japan **or** other countries.
(東京外国語大)

> （訳）それぞれの国に特有のある特定の歴史的背景の理解は，私たちが日本のことを語っていようと他国のことを語っていようと，2つの理由で政治の理解にとって重要である。

whether we be talking ... は whether we are talking ... と置き換えて考えます。
　エリザベス女王 (Queen Elizabeth II) が2022年に亡くなられた際，1947年の21歳の誕生日のラジオ演説の映像が何度も流れました。その中の一節が以下の英文です。

I declare before you all that my whole life, **whether it be long or short**, shall be devoted to your service and to the service of our great imperial family to which we all belong.

（私は自分の全生涯を，その長短にかかわらず，皆様への奉仕に，そして我々皆の属する偉大なイギリス連邦諸国への奉仕に捧げることを，皆様の前で宣言いたします。）

この whether it be long or short は直訳すると「それ（＝私の全生涯）が長かろうと短かろうと」で，ここでも同じ用法の be が使われています。

② if S be C 「SがCの場合には」

All such pleasures of comfort are only to be enjoyed to the full **if** the element of contrast **be** present. （学習院大）

（語句）only ... if ⇒ 9.9

（訳）そうした安らぎの喜びはみな，対照の要素が存在しないと，十分楽しむことができない。

③ その他

　次の例は on condition that ...（…という条件で）というフレーズの that 節の中に原形が使われています。that 節自体は名詞 condition と同格なので名詞節ということになりますが，on condition that ... 全体が only if ...（…という場合にのみ）という副詞節と同じような意味を帯びているため原形の be が使われていると考えていいでしょう。

I was offered a job at Columbia and accepted, *on condition that* I **be** allowed to remain in Japan another year. （関西外国語大）

（訳）私はコロンビア大学での仕事の打診を受け，もう1年日本に留まることが許可されるという条件で受け入れた。

　なお if 節の中に原形 be がある if need be というイディオムがありますが，これについては⇒12.3で扱っていますので，そちらをご覧ください。

1.9 be SC

〈be SC〉は〈S is C〉という第2文型のSとbe動詞が倒置された形で，譲歩の意味を表す副詞節になります。Cの位置にorで結ばれた複数の語句がある場合，whether S is A or B（SがAであろうとBであろうと）のような意味を表します。

Much the same is true of other civil rights, **be they traditional ones** like freedom of speech **or more modern ones** like the right against discrimination.
（千葉大）

> （訳）ほぼ同じことが他の市民権についても当てはまる。それが言論の自由のような昔からあるものであろうと，差別に対する権利のようなより最近のものであろうと。

また，Cの位置にor ... がないときも，even if S is C（たとえSがCであろうと）のような譲歩の意味で解釈します。

That a man's business, **be it of any kind**, must be done, and done promptly, is a truth acknowledged universally, though sadly not always universally followed.
（早稲田大）

> （訳）自分に関わりのある問題は，それがどのような種類のものであれ，片付けなくてはならず，しかも迅速に片付けなくてはならない，ということは万人に認められた真実である。もっとも常に万人に守られているとは言えないのが悲しいことではあるが。

上の文ではbe it of any kindがeven if it is of any kind（たとえそれがどのような種類のものであろうと）の意味を表しています。このofは⇒11.10を参照してください。

Nor should I speak of this process of education as past for anyone, **be he as old as he may**.
（学習院大）

> （訳）そしてまた私はこの教育の過程を，誰にとっても過ぎてしまったと言うべきではない。たとえその人がどんなに歳をとっていてもである。

be he as old as he may はeven if he is as old as he may と言い換えて考えます

（このmayは程度の限界を表していて，「たとえ仮に彼が歳をとれるだけとったのと同じくらい歳をとったとしても」といった意味を表しています）。

　次の文では，主語の代名詞thoseが，補語の名詞（marriages, ...）を修飾する形容詞に見えてしまうので注意が必要です。thoseは直前のfresh projectsを指しています。

... the spring equinox is a more reasonable beginning; and, for centuries, this was thought to be a lucky time at which to start on fresh projects— **be those marriages, elections, wars, or the laying of foundation-stones to new buildings.**　　　　　　　　　　　　　　　　　　　　　　　　　　（関西大）

（構文）at which to start ⇒ 3.7　　the laying of ... ⇒ 3.10

（訳）春分の日のほうがより理にかなった（1年の）始まりの日である。そして，何世紀もの間，この日は新しいプロジェクト，それが結婚であれ，選挙であれ，戦争であれ，新しい建物の礎石の設置であれ，それにとりかかるのに縁起のいい時だと考えられていた。

第2章 | 文型・受動態・動詞

2.1　there VS

　there is [are] ...（…がある，いる）という構文で，thereの直後にbe動詞以外の動詞が使われることがあります。使われる動詞は，意味で分けると主に次のようなものです（このthere構文の冒頭のthereには「そこに」という場所を表す意味はないことに注意しましょう）。

①存在 : lie（ある），exist（存在する），live（住んでいる），remain（残る），stand（立っている），sit（座っている）など

> A long time ago **there lived** in the city of Bangkok a man who bought and sold jewels for a living.　　　　　　　　　　　　　　　　　　（関西大）
>
> 〔訳〕昔々バンコクの街に生計のために宝石を売買している男が住んでいました。

　以下の例文でもremainの後にあるa lot of problemsが主語ですので，remainは第1文型（SV）で「残る」の意味です。

> **There** still **remain** a lot of problems to be solved.
> （解決すべき問題がまだ多く残っている。）

②往来・発着 : go（行く），come（来る）など

> **There goes** the bus.
> （バスが走っているよ。）

　上でthereに「そこに」という意味はない，と書きましたが，このcomeやgoといった動詞とともに使われるthereやhereは「ほら」のように相手の注意を促す働きを持つことがあります。

③発生・出現 : occur / happen / turn up（起こる），follow（続く），fly（飛ぶ），walk（歩く），run（走る）など
　たいてい何かしらの副詞句を伴って動詞部分全体で「何かが新しくその場面に登場する」ことを表します。

One day **there turned up** at the hotel a young Italian who called himself a compositor. （立命館大）

> （訳）ある日そのホテルに自らを植字工だと名乗る若いイタリア人が現れた。

2.2　make ...（…になる）

　動詞makeには「…になる」という意味があります。これは「実際になるかならないか」ということよりも「…になる［…として使う］のに必要な素質・性質を持っている」→「…に向いている」というニュアンスがあり，人にも物にも使うことができます（この用法は，make oneself C という第5文型のoneselfが脱落した形のようで，自動詞，他動詞どちらに分類されているのかも辞書によって異なります）。

　用例を見ておきましょう。

> I am sure she will **make** a wonderful mother.
> （彼女はきっとすばらしい母親になる。）
> An old coffee cup **makes** a good ashtray.
> （古いコーヒーカップは灰皿にするのにいい。）

　入試でも出題されています。

Orangutans **make** poor pets. （立教大）

> （訳）オランウータンはペットにするには向いていない。

The weather **makes** a great small talk topic because everyone knows about it and is affected by it. （学習院大）

> （訳）天気は雑談の話題にはもってこいだ。誰もが天気について知っているし天気に影響されるからだ。

2.3 時・場所＋see＋出来事

　動詞 see は「見る，わかる」の意味で使うことが圧倒的に多い動詞ですが，この see が時代や場所を主語にして擬人的に〈時代・場所 ＋ see ＋ 出来事〉「時代・場所 が 出来事 を目撃した→ 時代 に 出来事 があった，場所 で 出来事 があった」といった意味で使われることがあります。

　　The U.S. **saw** a huge wave of immigration in the early 1900s.
　　（アメリカ合衆国では1900年代初めに移民の急激な増加があった。）

Indeed, 1996 **saw** the establishment of the world's first "virtual university" in the United States. 　　　　　　　　　　　　　　　　　　（福島大）

（訳）実際，1996年にはアメリカ合衆国に世界最初の「バーチャル大学」が創立された。

　以下では，この see が現在完了形で使われています。

The past 400 years **have seen** a huge growth in the number of English speakers worldwide. 　　　　　　　　　　　　　　　　　　　（明治学院大）

（訳）この400年で英語を話す人の数が世界的に大きく増加した。

　以下では，動詞 see が，〈時代 ＋ see ＋ 出来事 ＋ -ing〉という第5文型（SVOC）の形で使われていますが，考え方は同じです。

The years 2007-2008 **saw** dramatic world food price rises bringing a state of global crisis. 　　　　　　　　　　　　　　　　　　　　（鹿児島大）

（訳）2007年から2008年にかけ，世界の食料品価格の劇的な上昇が全世界に危機的状況をもたらした。

　なお，動詞 witness もこの see と同様の使い方ができます。

　　The 1990s **witnessed** the rapid development of computer science.
　　（1990年代にはコンピュータサイエンスが急速に発展した。）

2.4 結果を表すmean

A mean(s) B.（AはBを意味する）は，

> The Japanese word "hana" **means** "flower" in English.
> （日本語の「花」という語は英語でflowerという意味です。）

のように，単純に意味上の＝（イコール）関係を表すのが基本用法ですが，

> Missing the last train **means** taking a taxi home.
> （終電に乗り遅れるとタクシーで帰宅することになる。）

のように，［A→B］（AがBという結果になる，AがBという事態をもたらす）という結果を示す用法もあります。

　この用法で，主語や目的語の位置に〈形容詞の比較級＋名詞〉という形が来ることがよくあります。この場合，直訳すれば「より…な名詞がより〜な名詞をもたらす」ですが，この〈比較級＋名詞〉を，名詞を主語にして「名詞が…になると，名詞が〜になる」のように訳すとわかりやすくなることがあります。

> Fewer teachers **mean** larger classes.
> （教師の数が減ると1クラスの人数が増える。）

　以下はヒートアイランドの対策を述べた文の一節です。

> For example, *more* public transport **means** *fewer* heat-producing cars on the roads.　　　　　　　　　　　　　　　　　　　　　　（金沢大）
>
> 訳　たとえば，公共の交通機関利用が増えれば，熱を出す車の数が路上で減ることになる。

more ..., fewer 〜 は直訳すれば，それぞれ「より多くの」「より少数の」ですが，「…の数が増えると，〜の数が減る」と言い直すとよりわかりやすい訳例になります。

2.5　前置詞を伴わないresult

resultは直後にfromまたはinを伴って使われることが多く、実際、英和辞典ではこの前置詞を伴った例文しか載せていないものも多いように思います。

> These diseases **result** *from* infection.
> （これらの病気は感染の結果起こる。）

> His hard work **resulted** *in* a great success.
> （彼の努力が大成功につながった。）

しかし、英英辞典を調べてみると、前置詞を伴わない用例を載せているものも見かけます。

> If you take this drug, side effects may **result**.
> （この薬を飲めば、副作用が結果として起こるかもしれない。）

> When water levels rise, flooding **results**.
> （水面が上昇すれば、洪水が起こる。）

どちらの用例も、主語のside effects, floodingが結果を表していますので、from ... に相当する内容が、先行するif節やwhen節で表されていることになります。

では、他の用例を見ておきましょう。

The very variety of the immigrant languages would actually have helped establish English as a common language. Had there been a major rival to English, a battle for supremacy might have **resulted**.　　　（島根大）

（構文）第1文の would have helped は仮定法過去完了の帰結ではなく、「…したのであろう」という完了の意味の推量を表す（⇒ 1.4）。

（訳）移民の言語の多様性こそ、共通言語として英語を確立するのに実際に役立ったのであろう。英語に強力なライバルが存在していたら、覇権をめぐる争いが起こっていたかもしれない。

また、⇒2.1で紹介したthere構文でも使われている用例があります。

When a Verb with a fixed Preposition is turned into the Passive, there **results** a compound form consisting of the Participle with the Preposition tacked on to it. (*An Advanced English Syntax*, C.T.Onions)

訳 決まった前置詞を持つ動詞が受動態になると、分詞とそれに絡む前置詞から成る複合形が結果として生まれる。

2.6 remain [be left] of

remain（残る）や be left（残されている）という動詞の直後に of という前置詞があることがあります。ここではこの形のしくみを考えてみます。まずは辞書の例文を見てみましょう。

After the flood nothing **remained of** the house.
（洪水の後その家は跡形もなくなった。）

この文は nothing (S) remained (V) of the house という第1文型です。文末の of the house の of は「…の中の」の意味で、one of my friends などというときの of と同じです。したがって of the house は「その家の中の」という意味で、動詞 remained ではなく、主語の nothing を修飾する形容詞句で、「その家の中のどの部分も残っていなかった」と考えればいいでしょう。

ネット上には次のような nothing of ... の例が見つかりますが、これと同じです。

They searched for the plane in the sea and sky but found *nothing* **of** the plane.
（彼らはその飛行機を海中、空中で探したが、その飛行機のどの部分も見つけることはできなかった。）

この of の役割がわかったところで、次の例文をみてください。

What remains of the village today is very little.
（今日その村の跡形はほとんど残っていない。）

このof the villageは，remainsの主語what（関係代名詞）を修飾しているのかというとそうではありません。冒頭にあげた例文のnothingの位置にwhat remains（残っているもの）という名詞節が置かれていると考えてください。つまりwhat節全体を修飾しています。

[What remains] *of the village* today is very little.
　　S　　　　　　　　　　　　　　　　　　V　　C

このof ...がwhat節を修飾する形は比較的多く，what remains of ...とかwhat is left of ...という形はよく出てきます。以下はこのwhatの代わりにwhateverが使われた形が入試に出題された例です。

> When the rocks have finally stopped falling, we crawl out of the cave. **Whatever is left of** the box and its secret contents are buried deep underneath rocks and mud somewhere down below us and will be very difficult to find.
> (センター追試)
>
> 訳 岩の落下がやっと収まって，僕たちは洞穴からはい出る。その箱の残ったどの部分も，そしてその秘密の中身も，僕たちのどこか下で岩や泥の奥深くに埋められて見つけることは困難になるだろう。

このof the boxはwhatever is left（残されたものは何でも）という名詞節全体を修飾しています。

2.7　準補語

まず，次の2つの文の比較から始めましょう。

(1) He was *tired*. （彼は疲れていた。）
(2) He came home *tired*. （彼は疲れて帰宅した。）

(1)は He(S) was(V) tired(C). という第2文型です。tiredは主語のHeを説明する補語で，この語がないと He was. だけでは文が成り立ちません。

(2)は，home は副詞ですから補語にはなりません。後にあるtiredは，主語のHeを説明しているという点では(1)と同じなので「補語」と呼びたいと

ころですが，(1)と決定的に違うのは，このtiredの部分がなくてもHe came home.だけで文が成り立つことです。つまり(1)のtiredと比べると文の中での役割が軽いのです。このような場合，文法上，(1)と同じように「補語」として扱うわけにはいきません。したがって，この文は第1文型です。なおこのような場合，tiredという語の役割を，専門家は「準補語」とか「疑似補語」と呼んでいます（専門用語なので覚える必要はありませんが，漢字を見るとなんとなく「補語に準ずるもの」といったイメージがつかめるのであえて紹介しました）。

この文を理解するためには，次のような足し算をイメージするといいでしょう。

```
    He came home.
 +  He was           tired.
─────────────────────────────
    He came home   tired.
```

実例を見ておきましょう。

Not all Japanese travelers came home **happy** with their experiences.

(慶應大)

訳 日本人旅行者全員が（海外での）体験に満足して帰国したわけではなかった。

ところで，この文末に付け足される語（準補語）はいつも形容詞とは限りません。以下のように名詞や分詞の場合もあります。いずれの場合でも，上の足し算の考え方を応用して，2つの文に分けて意味を考えればよいでしょう。

① 名詞の例

It is known, for example, that the French Romantic composer, Hector Berlioz, died **a lonely man** after a life of broken dreams.　(広島大)

訳 たとえば，フランスロマン派の作曲家，エクトル・ベルリオーズは，夢破れた生活を送った後，孤独に人生を終えたということが知られている。

② 分詞の例

The warrior died **fighting** on the battlefield.

> 訳 その兵士は戦場で戦闘中に亡くなった。

2.8 (Please) be informed [advised]

受動態を使った命令文があります。そう聞くと「…されろ」といった文をイメージする方がいらっしゃるかもしれませんが，ここでいう受動態というのは〈be＋過去分詞〉という形のことで，必ずしも意味が受動的ということではありません。たとえば

Please **be seated**. （おかけください。）

という文もその一つです。このseatは他動詞で「〈人〉を座らせる」の意味ですので直訳すれば「座らせられてください」とでもなるのでしょうが，実際には相手に座ってもらうことを丁寧に求めるときに使われるごく普通の表現ですね。

ここで扱うのはこの受け身の形で意味が取りづらい以下の2つです。

(Please) **be informed** that ...
(Please) **be advised** that ...

informは他動詞「〈人〉に…ということを知らせる」，adviseは他動詞「〈人〉に…ということを通知する」です。よって直訳はそれぞれ「…ということを知らされてください」「…ということを通知されてください」ですが，これらは「…ということをご承知おきください」「…ということをお知らせいたします」といった意味に相当する慣用句です。後者はビジネスレターなどで使われるフォーマルな表現です。

Be advised that this report contains language and video that some might find disturbing. (VOA news)

> 訳 この報道には一部の方々が不快に感じる恐れのある言葉，映像が含まれています（ことをご承知の上ご覧ください）。

2.9　第4文型 deny の受動態

　動詞 deny は，第3文型では deny O で「O を否定する」という意味で，第4文型では deny O_1 O_2 で「O_1 に O_2 を与えない」という意味で使われます（英英辞典には deny = not give と書いてあるものもありますので，don't give O_1 O_2 とほぼ同じ意味だと考えてもいいでしょう）。この2つの形を受け身にすると次のようになります。

　　　第3文型の受け身　　O is denied　　　　（O が否定される）
　　　第4文型の受け身　　O_1 is denied O_2　　（O_1 に O_2 が与えられない）

第3文型の受け身の場合，過去分詞 denied の後ろには名詞や代名詞は置かれませんから，be denied の後にそうした語句があるときは第4文型の受け身のはずです。うっかり「否定される」などと訳さないように注意しましょう。

　この受け身の形で，特に be denied access to ... というフレーズはよく使われます。この名詞 access は「（…を）利用［入手］する権利」の意味です。

Native Americans **had been** corralled on reservations and **denied** *access* to the majority of resources on which they once lived.　　　　　　（上智大）

　（語句）corral 柵で囲う　　reservation 特別保留地
　（訳）アメリカ先住民は特別保留地に閉じ込められ，かつて生活の糧としていた資源の大半を利用する権利を奪われた。

　この be denied という受け身の形で，特に注意が必要なのは次の3つの場合です。

① denied の主語に否定の意味が含まれている場合

All people have a right to equal opportunities, and no one should **be denied opportunities** because of race, color or religion.　　　　　　（獨協大）

　（訳）あらゆる人は平等な機会を持つ権利を持っている。そして，人種，肌の色，宗教が理由で機会が与えられない人がいてはならない。

主語が no one ですから「与えられない人はいない」という意味になります。

② deniedの後にある目的語に否定の意味が含まれている場合

Bill was denied nothing as a child. という文はどういう意味でしょう。be deniedの直後には第4文型の2つ目の目的語（直接目的語）が残っていて，それは「与えられなかった物」のはずです。それがnothingということは「与えられなかった物が何もない」ということになり，「ビルは子供の頃欲しい物は何でも手に入れた［＝買ってもらった］」という意味になります。

では出題例を見てみましょう。

Down in the hold, beneath the deck boards, where we **were denied most of the sun's light but none of its fire**, it sometimes seemed as if there were nothing but eyes.　　　　　　　　　　　　　　　　　　　（金沢大）

語句 hold 船倉　deck board 甲板　nothing but = only

訳 甲板の真下にある，日光はほとんど当たらず，太陽の暑さだけ余すところなく伝わる船倉の奥で，ときには目以外は何もないかのように思えることがあった。

---

③ deniedの後にある目的語が他の場所に移動している場合

以下の文では，are deniedという受け身の形の後には何もないように見えますが，our children today are denied Xの目的語Xが関係代名詞whichになって前に置かれています。第3文型の受け身だと錯覚しやすいので注意が必要です。

One of the pleasures **which** our children today **are denied**, in addition to being able to play safely in the street or walk a few yards unaccompanied to their local shop, is the joy of shopping with mother.　　　（大阪外国語大）

訳 通りで安全に遊んだり，付き添いなしで近所の店に数ヤード歩いていけることに加えて，今日の私たちの子供たちに与えられていない楽しみの一つは母親といっしょに買い物をする楽しみである。

2.10 S have OC

〈have OC〉という第5文型は，一般的に「OにCさせる」「OにCされる」「OにCしてもらう」のように訳出する場合が多く，これらの意味は主語とO, Cの関係で決まると言っていいと思います。ところが，このhaveを上のような意味で解釈するとおかしなケースがあります。

> I **have that happen** to me in the business world very frequently.
> （そういうことはビジネスの世界では私の身に非常によく起こることだ。）

この文は

> That(S) happens(V) to me in the business world very frequently.

という内容を，第5文型のOとCの間に「主語と述語の関係」があることを利用して，そのOCの位置で表し，それを主語Iの立場で述べているだけです。that（そうしたこと）を「起こさせる」「起こされる」「起こってもらう」のように解釈すると奇妙な意味になってしまいます。ある意味このhaveはほとんど意味がない形式上だけのhaveだと言えます。

　では，どうして普通にSVと書けることを，別の主語を使って〈S have OC〉の形で書く必要があるのでしょうか？ その理由の1つに，主語の維持が必要なケースがあると考えられます。

Didn't she realize how positively shameful it was to be chatting away with your friends and to **have** them **say**, "What do you *mean*, your mother won't *allow* you?"

（京都女子大短大部）

（語句）positively 本当に　chat away with ... …とおしゃべりをする

（注）she は筆者の母親を指し，全体は描出話法（⇒ 7.27）になっている。

（訳）友だちとおしゃべりをしていて「お母さんが許してくれないってどういうこと？」と言われるのが，どれほど恥ずかしいことなのか，お母さんにはわからないのかしら？（と私は思った。）

この文の構造は，次のようになっています。

Didn't she realize how positively shameful $\boxed{\text{it}}$ was?

↓

and $\begin{cases} \text{to be chatting away with your friends} \\ \text{to } \mathbf{have}\text{(V) them(O) say(C), "What ...?"} \end{cases}$

形式主語のitがto不定詞以下を指しています。そして，このto不定詞の意味上の主語である筆者の立場から「友だちとしゃべっていて，…だと言われる」という内容を書くにあたり，2つあるto不定詞の意味上の主語をどちらも筆者のままでそろえたいので，このhaveを利用してこのように書いているのではないかと思われます。

2.11　SVCO

　第5文型（SVOC）のOとCの位置が入れ替わってSVCOとなることがあります。入試問題では，特に〈make possible O〉という形が頻繁に見られます。これは〈make O possible〉（Oを可能にする）という第5文型のOが補語possibleの後に置かれた形です。例を見ておきましょう。

> Finally, it **makes** *possible* a division of labor so that both men and women can meet their own needs within the family setting. （釧路公立大）
>
> （注）主語の it は先行する文脈にある「結婚（という取り決め）」を指す。
>
> （訳）最終的に，これにより家族という環境の内部で，男性と女性が自らの必要性を満たすことができるように分業が可能になるのである。

　この形は，たいていOが長く，普通の語順で書くと，Cがかなり動詞と離れてしまう場合によく使われるようです。またOが節になっていて，本来の位置に置くと，節の中にあるように錯覚されてしまう場合などにも使われます。

　He often leaves undone what he ought to do. （日本女子大）

これは，通常なら

He (S) often leaves (V) [what he ought to do] (O) undone (C).
（彼はしばしばすべきことをしないままにしておく。）

という語順で書かれる第5文型の文のOとCの位置が入れ替わった形です。普通の語順で書くと，undoneがwhat節の中にあるように誤解される恐れがあるので，what節の前に置いたのだと推測されます。

さらに以下のような形もあります。注意事項とともに見ておきましょう。

① この形で目的語となる名詞に冠詞がついていないと，補語のpossibleが目的語を修飾しているように見える場合があります。

> Computers changed the ways people worked, shopped, studied, and played. They also **made possible many advances** in science and medicine.
>
> （東洋大）
>
> 訳 コンピュータは人々が，働いたり，買い物をしたり，勉強したり，遊んだりする方法を変えた。また科学や医学の分野で多くの進歩を可能にした。

この太字の部分が made (V) + possible many advances (O) と見えた人もいるのではないでしょうか？ 確かに make advances（進歩を遂げる）という言い方は存在します。しかしもし advances の前に possible と many という2つの形容詞を置くなら many possible advances という語順になるはずです。ここは made (V) possible (C) many advances (O) と読むのが正解です。

② 補語の前にasを伴う〈regard O as C〉（OをCだとみなす）という形でも，Oが後ろに置かれて〈regard as CO〉という形になることがあります。

> We tend to **regard as intelligent** those who can organise their thoughts coherently, express them clearly and come to reasoned conclusions.
>
> （信州大）
>
> 訳 私たちは，自分の思考を論理的に整理し，それらを明確に表現し，筋の通った結論に達することができる人々を知的だとみなす傾向にある。

上記ではregard (V) as intelligent (C) でthose who ... 以降が目的語となっています。

2.12 OSVC

第5文型（SVOC）の目的語（O）が主語（S）の前に置かれて，OSVCと
なることがあります。Oを何らかの理由で目立たせたい場合が多いように思
います。

> So, one Japanese tradition, the weddings, I **find** really far too materialistic,
> and the other one, the funerals, I **find** something which my society could
> learn a lot from.
>
> （釧路公立大）

（訳）だから，結婚式という日本の慣わしは，私はあまりにも金銭や物を重視
したものだと思っているが，葬式という別の慣わしは，我が国の社会も学ぶと
ころが多いものだと思っている。

この文では，〈find OC〉のOである one Japanese tradition と the other one が
それぞれ節の先頭に置かれることで対比が強調されています。

> I think to be recognized for what you do, what you have achieved, is one
> thing, but to want to be famous for the sake of it I **find** disturbing.
>
> （青山学院大）

（訳）自分のすることや成し遂げたことを認められるというのは意味があると
思うが，有名になること自体を目的とするのは，私には気がかりである。

findの目的語 to want to be famous ... は前半の to be recognized ... との対比を
明確にするために主語より前に置かれています。

> Hot water bottles, as a substitute, I have **found** to be of very little use.
>
> （法政大）

（語句）of very little use ⇒ 11.9
（訳）お湯の入ったビンは，代替品として，ほとんど役立たないことがわかった。

find O to be ...(C)（Oが…であることがわかる）のOである Hot water bottles が
文頭の目立つ位置に置かれて強調されています。

2.13　expect A of B

まず，次の文の意味を考えてみてください。

　　Don't expect a lot of such a man.

一瞬 expect（期待する）の目的語が a lot of such a man だと思っても，いや待て a lot of の後に a man という単数形の可算名詞があるのは変だな，と気づくと思います。

　これは，expect の語法の一つに

expect A of B　A を B に期待する［求める］

というのがあることを知っていれば，A = a lot，B = such a man だとわかります（この of は「…から」の意味で，of の代わりに from もよく使われます）。訳は「あんな男に多くを求めてはいけない」となります。ただ，A の位置にある a lot が直後の of と結びついて a lot of と見えてしまうのがこの形の注意点です。

　ここではこの〈expect A of B〉で，さらに注意する形を確認しておきましょう。

① expect の目的語が移動した例

　以下の例では secrets と you の間に省略されている関係代名詞が expect の目的語です。

> He knows many secrets you would **expect of** a computer freak.
>
> （北九州市立大）
>
> 　訳　コンピュータマニアなら知っていると期待できるような秘密を彼はたくさん知っている。

② expect A of B が受身で使われている例

　They expect X of me.（彼らは私に X を期待している）という文を受身にすると，X is expected of me. となります。これが関係詞節の中で使われているのが次の形です。

There are many different cultures in the world, and in each of them the children must learn a great many things that **are expected of** everyone who participates effectively in that culture. （成城大）

> （訳）世界には多くの異なった文化があり，その各文化の中で，子供たちはその文化にうまく入っているあらゆる人に期待されている非常に多くのことを身につけなければならない。

2.14 V + A of B

ここでは〈expect A of B〉以外に，〈A of B〉の部分を「BのA」のように誤読しそうな表現を見ていきましょう。

① clear A of B

〈clear A of B〉で「A（場所）からB（障害物）を取り除く」の意味です（このofはrob A of Bの場合と同じ「分離」を表します）。次の書き換えで，第2文が（×）snow of the roadという語順にならないことに注意しましょう。

> He was clearing snow from the road. = He was **clear**ing the road **of** snow.
> （彼は道路の雪かきをしていた。）

② ask A of B 「AをBに求める［尋ねる］」

It offers an endless flow of cost-free entertainment that **asks** nothing **of** the viewer except that he sit before the set to enjoy himself. （お茶の水女子大）

> （注）文頭のItはtelevisionを指す。the setはthe television setを指す。

> （構文）that節内は要求されている内容なので，動詞sitは仮定法現在で-sがつかない（⇒1.7）。

> （訳）それ（＝テレビ）は視聴者に楽しむためにテレビの前に座ること以外何も要求しない，延々と続く費用のいらない娯楽を提供する。

以下は〈ask A of B〉（A（質問）をB（人）に尋ねる）の受け身の形〈A is asked of B〉がベースになっているのでわかりづらい例です。

> The question **asked of** each volunteer was whether the second event was caused by the passer-by's behavior towards the beggar. 〔神戸大〕
>
> 　**訳**　各ボランティアに尋ねられた質問は，2 つ目の出来事が，物乞いへのその通行人の行動によって引き起こされたのかどうかということであった。

The question ... (S) was (V) whether ... (C) で，asked は過去分詞になっています。

③ inform A of B　「A に B を知らせる」

> Popular lectures did so much in the nineteenth and early twentieth centuries to **inform** the public at large **of** the exciting new developments in science. 〔九州大〕
>
> 　**訳**　大衆向けの講演は，一般大衆に科学の分野における新たな胸躍る進展を知らせる上で 19 世紀と 20 世紀初頭に大きな役割を果たした。

of が at large（一般の）という熟語の後に置かれてわかりづらくなっています。

④ deprive A of B　「A から B を奪う」

　この of も①と同じ分離を表す of です。⇒8.10 にある問題も参照してください。

　　The angry people **deprived** the dictator **of** all his power.
　　（怒った人民は独裁者からすべての権力を奪ってしまった。）

⑤ demand A of B　「A を B に要求する」

　　Our boss **demands** a lot **of** us.（上司は我々に多くのものを要求する。）

これも ⇒2.13 の冒頭にあった expect と同様，a lot of ... とつなげて読まないよう注意が必要です。

　なおこの他，辞書を調べると〈request A of B〉（A を B に要求する）といった例も見つかりますが〈request A from B〉のほうがより普通の表現のようです。

空所化

まず次の日本語を読んでください。

　「おじいさんは山へ柴刈りに，おばあさんは川へ洗濯に行きました。」

前半の部分が「柴刈りに」で終わっていますが，これに続く部分は後半の「行きました」と共通ですので，省略されています。これを図示すると次のようになります。

おじいさんは	山へ	柴刈りに	_____ ，
おばあさんは	川へ	洗濯に	行きました。

　英語にもこれとよく似た省略法があります。ただし，英語では動詞が文末よりも文中に置かれることが多いので，見破るのにはちょっと慣れが必要です。

　　His father was a stage actor and **his mother a singer**. (熊本大)

his father と his mother, a stage actor と a singer という同類の語句の並列を考えて，以下のように図式化すると，動詞 was が省略されていることがわかりやすくなります。

His father	was	a stage actor and
his mother	_____	a singer.

　文の中にこの形がある場合，対象となる語句がはっきりしていれば（固有名詞とか動物名とか）わかりやすいのですが，普通の名詞だと，単に名詞の並列だと勘違いしてしまいがちなので，気をつけましょう。

　以下，後半部の省略のパターン別に用例をあげておきます。

① 名詞＋名詞

Japan stresses the group, **the West** (and America in particular) **the individual**. (広島大)

　訳　日本は集団を重んじ，西洋（特にアメリカ）は個人に重点を置く。

② 名詞＋前置詞句

Turkey is served on Christmas, **ham on Easter**. （小樽商科大）

> （訳）七面鳥はクリスマスに、ハムはイースターに出される。

③ 名詞＋過去分詞

Books have to be read, **music listened to**, and **pictures seen**. （静岡県立大）

> （訳）書物は読まれ、音楽は聴かれ、絵画は見られる必要がある。

④ 名詞＋副詞句

A president is elected every four years, **congressmen every two years** and **senators every six years**.

> （訳）大統領は4年ごとに、下院議員は2年ごとに、上院議員は6年ごとに選挙で選出される。

⑤ その他

　次の例の which on は which (parts of autobiographical memory are based) on と補って考えますが、疑問詞 which と on の間の省略部分が長いので、注意が必要です。

As the passage from Margaret Foster illustrates, it is often difficult to distinguish which parts of autobiographical memory are based on remembered episodes, and **which on** knowledge. （東北大）

> （訳）マーガレット・フォスターの本からの一節が示しているように、自伝的な記憶のどの部分が記憶されているエピソードに基づき、どの部分が知識に基づいているのかを区別するのはしばしば困難である。

Column 関連語彙を辞書で調べてみよう

　不明な単語を辞書で調べたとき，該当語だけでは解決できなくても，関連語彙を調べて疑問が解決することがあります。

　例として，次の英文の下線部の意味を考えてみてください（マルサスの『人口論』を紹介した英文の一節で，He はマルサスを指します）。

He stated that human population increases geometrically, while food production increases arithmetically.

　この geometrically と arithmetically の -ly を取った形容詞を『リーダーズ英和辞典』で引いてみると，以下のようにあります。

geometric, **-rical** ［形］幾何学（上）の，幾何学的な；幾何級数的に増加する

arithmetic, **-ical** ［形］算数の，算術に基づいた

「幾何級数的に増加する」はなんとなくわかりますが，なぜその副詞形 geometrically が arithmetically と対比されているのかよくわかりませんね。

　実はこの 2 つの副詞は次の数学用語が元になっていて，どちらも複合語（⇒8.1）としてちゃんと辞書に載っています。

geometric(al) progression　　等比数列
arithmetic(al) progression　　等差数列

　この 2 つの用語は日本語でも数量の増加を表現するのにペアで用いられますね。上の 2 つの副詞はこの意味を表していると考えられます。したがって，上の英文は，「人口は等比数列的に増加するのに対して，食物生産は等差数列的に増加すると彼は述べた」と訳せます。

　幸い最近は電子辞書やアプリにより，複合語や派生語の検索が容易になりました。ぜひそうした機能を活用して語彙力増強に励んでください。

第3章 | 不定詞・動名詞

for N to *do* (1): in order for N to *do*

〈in order to ...〉（…するために）という熟語で，〈to ...〉の前に意味上の主語を表す〈for ～〉が置かれて，**〈in order for S' to ...〉**（S'が…するために）という形で使われることがあります。例を見ておきましょう。

In order *for the deal* **to** move forward, Congress must sign off. (VOA news)

〔 訳 〕この協定が進展するためには，議会が承認しなくてはならない。

to不定詞が否定される場合は，toの直前にnotが置かれます。

What do I need to do **in order** *for this* **not to** happen again?
（こうしたことが二度と起きないようにするためには何をする必要がありますか。）

次の文もこの〈in order for ～ to ...〉の形をしていますが，どんな意味でしょう？

We want to work with you **in order** for there not **to** be a problem about this.

for there not to be ... の部分が，there is not ...（…がない）の意味を表していることがわかりましたか？（このthereについては⇒3.6参照） 全体は「このことに関して問題がないように，私たちはあなたといっしょに働きたい」という意味になります。

for N to *do* (2): S is for N to *do*

be動詞の直後にforがある場合，以下の英文はforが「…のための」の意味です。

This present is *for* you.
（このプレゼントはあなたのためのものです。）
The space is *for* emergency vehicles.
（このスペースは緊急車両用です。）

では次のforはどう読んだらいいでしょう。

People who support recycling believe that the only way to solve the waste problem is *for government* **to get** involved. （十文字学園女子･短期大）

> **訳** リサイクルを支持する人々は，ゴミ問題を解決する唯一の方法は政治が関わることだと信じている。

この is for を「ごみ問題を解決する唯一の方法は政治のためである」と読んでも意味不明です。

　このような場合，for が to 不定詞の意味上の主語である可能性を考えてみてください。この〈for ～ to ...〉の形は，It was impossible *for* him **to** solve the problem.（彼がその問題を解くのは不可能だった）という文に使われている〈for ～ to ...〉と同じです。to get は is の補語となる名詞用法で，way (S) is (V) to get (C) という関係が成り立ちます。

3.3　for N to *do* (3): 文頭

　文頭に〈For ～ to ...〉という形があった場合，以下の2つのパターンがあります。

① For S' to ... V　「S' が…することは V する」

　to 不定詞が「…すること」の意味を表す名詞用法で，主語になっています。

> *For women* **to be deprived** of equal education, equal employment opportunities or equal rights as human beings means that society will function like a bird with a broken wing. （清泉女子大）

> **訳** 女性が，人間として，平等な教育，平等な雇用の機会，平等な権利を奪われることは，片方の羽の折れた鳥のように社会が機能することを意味する。

For women to be deprived of ... human beings までが主部で，述語動詞が means です。women が to 不定詞の意味上の主語なので，Women are deprived of ...（女性が…を奪われる）という意味を読み取ります。

② For S' to ... S+V 「S' が…するために S+V する」

to不定詞が「…するために」の意味を表す副詞用法で，目的を表しています。

> *For this ecosystem* **to work**, it is absolutely necessary to look after ocean coasts.　　　　　　　　　　　　　　　　　　　　　　　　（共通テスト）
>
> （訳）この生態系が機能するためには，海洋沿岸の管理が絶対に必要だ。

3.4　this is not to say ...

〈**this is not to say ...**〉という表現があります。直前の内容を受けて「これは…ということを言っているわけではない」という意味で，this does not mean ...（これは…という意味ではない）に近い表現です。

> The economic situation is difficult, but **this is not to say** it is impossible.
> （経済の状況は厳しい。だがどうにもならないというわけではない。）

この〈this [that] is not to ...〉のto不定詞の位置に置かれる動詞は，say, imply, suggest, deny などです。中でも deny はよく使われます。

> Of course **this is not to deny** the importance of grammar in communication.
> （もちろんこれはコミュニケーションにおける文法の重要性を否定するわけではない。）

この this が，前文の内容を受ける関係代名詞の which になることもよくあります。

> There is water reaching people who need it. Children who are malnourished are getting treated, **which is not to say** we are reaching every child.
>
> 　　　　　　　　　　　　　　　　　　　　　　　　　　　　　　（VOA news）
>
> （構文）are getting treated という進行形は ⇒ 1.1
>
> （訳）水は必要とする人に届けられている。栄養不良の子どもたちは次々に手当を受けている。だからと言って私たちの援助がどの子どもにも届きつつあるわけではない。

さらに which が独立して文頭に置かれることもあります（詳しくは ⇒ 6.10）。

3.5 there being

　ここでは 〈there is ...〉構文の is が being となった 〈**there being**〉 という形を取り上げます。

① being が動名詞の場合

I never dreamed of **there being** such a quiet place in this noisy city.

（センター試験）

（訳）この騒がしい町にこんな静かな場所があるなんて夢にも思わなかった。

there being such a quiet place の部分が there is [was] such a quiet place という意味を表しています。

　以下は Instead of ...（…の代わりに）の後ろの there being が 〈there is ...〉構文の役割をしていて，後に出る there will be ... の部分と対比されています。

For one thing, the cost of supporting a growing elderly population will place enormous pressures on the world's economy. Instead of **there being** more workers to support each retiree — as was the case while the birth rate was still rising — there will be fewer.

（中央大）

（構文）as was the case の as は関係代名詞（⇒ 6.16）

（訳）一つには，増えつつある高齢者を支える費用は世界の経済に莫大な負担を強いることになるであろう。出生率が依然増加傾向にあった頃とは違って，定年退職者一人一人を支える労働者は増加するどころかこれから減少するのだ。

② 独立分詞構文の意味上の主語の位置に there が置かれた形

At least one assumed he had been watching the sky, **there being** little else to view from his small window other than roof-tiles and guttering. （熊本大）

（注）文中の he は語り手の父親を指す。

（訳）小さな窓から見えるものが屋根の瓦と雨どい以外にほとんど何もなかったので，少なくとも人は父が空を見ていると思った。

there being little else が because there was little else の意味を表しています。

次の(a)の文を(b)のようにthat節を使ってほぼ同じ意味の文に書き換えることができます。

(a) I expect **him** to *come* tonight. ≒ (b) I expect that **he** will *come* tonight.

この考え方をヒントに次の英文の意味を考えてみましょう。

(c) I didn't expect **there** to *be* so many people here.

これも that 節を使って書き換えて考えれば,

≒ (d) I didn't expect that **there** *were* so many people here.
（ここにこんなに多くの人がいるとは思っていなかった。）

という文とほぼ同じ内容を表していると考えることができます。there は副詞ですから，本来は文の主語や目的語として使うことはできません。しかし「…がいる［ある］」という意味を表す there is ... という形では，there が特別扱いされて，be 動詞が to be とか being といった形でも，there is 構文であることを示すために，there が意味上の主語を表す位置に置かれます。

to 不定詞ではなく原形不定詞の例もあります。

Let **there** *be* no difference between us.（立命館大）

Let (V) there (O) be (C) ... の部分が *There is* no difference between us. という文の内容を表しています。「私たちの間に何ら相違はないようにしよう」という意味です。

次の文はどうでしょう。

Mary is too clever for **there** *to be* any disagreement concerning her intelligence.（明治学院大）

〈too ... for ～ to —〉構文の for の後に there が使われています。〈so ... that〉構文で書き換えれば，Mary is **so** clever **that** *there* is not any disagreement concerning her intelligence. となり，「Mary は非常に頭がよくて，彼女の頭のよさに関してはなんら意見の不一致はない」という意味です。

too ... for there to *do* の形は読解問題でも次のように出題されています。

There is far *too* much philosophy, composed under far *too* wide a range of conditions, *for* **there** *to be* a general answer to that question. （京都大）

> **訳** 哲学の数はあまりにも多く，それらがあまりにも広範囲の条件下で構成されているので，その質問に対する一般的な解答は存在しない。

次の形は，⇒3.3で扱った，文頭にFor ... toが置かれている形に，thereが使われているパターンで，「…が存在すること」の意味です。

For **there** *to be* a dialogue, however, requires our active participation.
（上智大）

> **訳** しかし，対話が存在するためには，我々の積極的な参加が必要である。

3.7 前置詞＋関係詞＋to不定詞

(a) He had no money **with which** he could buy ink and paper.
（彼はインクと紙を買えるお金を持っていなかった。）

この文とほぼ同じ内容を，関係詞の後を不定詞に置き換えて，以下のように表すことができます。

(b) He had no money **with which** to buy ink and paper.

この〈前置詞＋関係代名詞＋to不定詞〉では，必ず前置詞が句の先頭に置かれます。(b)の文のwith を節の最後に回して，（×）He had no money which to buy ink and paper with. とすることはできません。

〈前置詞＋関係代名詞＋to不定詞〉という形では，to不定詞の部分にbuildやbaseという動詞を使うことが多いように思います。実例を見ておきましょう。

Once the nervous system has been given enough cues to treat the virtual world as the world **on which** to base expectations, virtual reality can start to feel real. （京都大）

> **訳** 一旦神経系に，予測の根拠となる世界として仮想世界を扱うのに十分な手がかりが与えられると，仮想現実は現実的に感じられ始める可能性がある。

先行詞 the world を which に代入し，on といっしょに動詞の後ろに移動させると，

base expectations on the world　（その予測をその世界に基づかせる）

となります。〈base A on B〉は「A（決断など）を B（情報・証拠など）に基づかせる」の意味なので，あとはその内容を織り込んだ，先行詞 the world を修飾するような日本語訳を考えます。ちなみにこの〈base A on B〉は受け身の形にすると，A is based on B（A は B に基づいている）というおなじみの形になります。

3.8　as if to *do*

〈**as if SV**〉「あたかも［まるで］S が V するかのように」というフレーズの SV の部分に，不定詞や分詞など，完全な文の形になっていないものが置かれる場合があります。

① as if ＋ to 不定詞

「あたかも［まるで］…するかのように」という意味で，〈as if S be to *do*〉という形から〈S be〉が省略された形です。

She shook her head **as if to say** 'No'.
（彼女は「だめです」と言わんばかりに首を振った。）

この形が文頭に置かれる場合もあります。

As if to certify these words to himself, he chose to paint the most typical Japanese motifs in his early Arles paintings.　　　（同志社女子大短大部）

（訳）こうした言葉を自らに証明するかのように，彼は初期のアルル時代の絵画において最も典型的な日本的モチーフを描くことにした。

② as if ＋分詞

The fruit fell straight to the earth, **as if tugged** by an invisible force.

（東北大）

（注）ニュートンが万有引力の発見をしたときの話。

（訳）その果物はまるで目に見えない力にぐいっと引っ張られるかのように地面にまっすぐ落ちた。

③ as if ＋前置詞句

As if in a trance, I hastily removed the violin from its case and began to play for my father.

（岩手大）

（語句）in a trance 茫然自失として（as if の後に主語と be 動詞を補って as if *I were* in a trance の意味で解釈する）

（訳）まるで我を忘れたかのように，私は急いでケースからバイオリンを取り出して父のために弾き出した。

なお前置詞句を使った表現で **as if by magic**（魔法のように）は覚えておきましょう。

I thought of him and **as if by magic** he appeared at the door.
（彼のことを考えたら不思議にも彼は戸口に姿を現わした。）

3.9 to ＋副詞＋原形

以下の英文は 2 通りの意味に解釈できますが，わかるでしょうか。

(a) I forgot **to close** the door *completely*.

訳は「私は完全にドアを閉めるのを忘れていた。」となりますが，この文は，副詞 completely が forgot にかかって「完全に忘れていた」という意味なのか，close にかかって「完全に閉める」という意味なのか曖昧です。もし前者の意味にしたければ，forgot の前後に completely を置いて，以下のように書けばより明確になります。

(b) I forgot *completely* **to close** the door.

(c) I *completely* forgot **to close** the door.

　同様に，completelyがcloseという動詞を修飾していることをはっきりさせるには動詞closeの前後にcompletelyを置いて，以下のようにすればよいことがわかります。

(d) I forgot **to close** *completely* the door.

(e) I forgot **to** *completely* **close** the door.

(d)のように，close the doorというVOの間に副詞を割り込ませるのを嫌う人もいて，その場合は，(e)のようにtoと原形closeの間に副詞を置くことになるわけです（この形は，副詞によってtoと原形が分かれてしまっているので，分離不定詞（split infinitive）と呼ばれることがあります）。

　to不定詞は〈to＋動詞の原形〉を一つのカタマリとする形であり，toと原形を分離させる(e)の形は，文体的に避けたほうがよいという議論もあります。しかし，副詞の修飾相手を明確にしたい場合や，副詞がactually, quite, reallyなどの強調語の場合，またeven, ever, furtherなど動詞と結びつきが強い語の場合は比較的よく使われます。特にto *better* understand ... とかto *further* investigate ... などの形はよく見かけますので慣れておきましょう。

We must learn **to** *better* **understand** how our brains are capable of finding new solutions, whatever the situation.　　　　　(VOA news)

（注）whatever the situation ⇒ 6.14

（訳）私たちは，脳が，状況がどうであろうと，どのように新しい解決策を見つけ出すことができるのかをよりよく理解できるようになる必要がある。

3.10 the＋動名詞

　動名詞の前に the を置くと，動名詞の動詞的な性質が一時的に消えて，純粋な名詞と同じように働きます。例を見てみましょう。

　　throwing waste products into the ocean（海に廃棄物を投げ捨てること）
　　↓
　　the **throwing** *of* waste products into the ocean（海への廃棄物の投棄）

動名詞 throwing が名詞的になったことで，目的語 waste products との間に前置詞 of が必要になります（この前置詞 of は後にある名詞 waste products が，意味の上で throw という動詞の目的語であることを示す働きをしています）。

　このフレーズは元となる動詞が熟語（句動詞）の場合でも可能です。

> Getting into the program requires **the filling in** of a form, which is a burden but not a terrible one; the application is just one page. （中央大）
>
> 〔訳〕このプログラムに参加するには申込書への記入が必要で，負担ではあるがひどい負担というほどでもない。申込書はたった 1 ページだけだ。

fill in a form は「申込書に記入する」で，fill in ...（…に記入する）が the filling in となっていますが，in のすぐ後に of がありますから，原理がわかっていないと一瞬戸惑ってしまいます。

　この前置詞を含む熟語が名詞を含むフレーズだとさらに読みづらくなります。

> What is new is our awareness of it, our awakening to its infinite dimensions, and it is this, more than anything else, that marks **the coming of age** of our species. （千葉大）
>
> 〔訳〕これまでなかったのは，私たちがそれ（＝人類の愚かさ）に気づいたことであり，その無限の大きさに目覚めたことである。そしてこのことが，他の何よりも，人類の成熟を示しているのである。

come of age（成熟する）という熟語（⇒Appendix）の後ろに，その意味の上で主語となる our species（人類）が続くため of age of の部分に of が連続で出てきます。

この〈the ＋動名詞〉の動名詞は完全に名詞化していますから，前に形容詞が置かれることもあります。

The rapid shrinking of the Arctic ice cap is threatening the world's polar bear population, scientists have warned. （滋賀県立大）

（訳） 北極の氷冠の急激な縮小は世界の北極熊の個体数を脅かしつつあると科学者たちは警告してきた。

The rapid shrinking of the Arctic ice cap の部分は the Arctic ice cap (S) shrinks (V) rapidly（北極の氷冠が急激に縮小する）という意味を表していると解釈します。

　またこの形は名詞同様，後に様々な前置詞をともなって他の語句との関係を表します。

> **the crossing** of the Rubicon by millions of other people （関西大）
> （何百万人という他の人達がルビコン川を横断したこと）

the millions of other people (S) crossed (V) the Rubicon (O) という意味を読み取ることができたでしょうか。

3.11　need *doing*

　まずは，〈**need *doing***〉の形の確認から始めましょう。「私の作業着は洗う必要がある」を「作業着」を主語にして言う場合，「『作業着』は『洗濯される』」という受け身の関係が成り立ちますから，動詞 need の目的語に不定詞を使うなら，〈need to be ＋過去分詞〉の形にして次のように書く必要があります。

　(a) My work clothes **need** *to be washed*.

　しかし，同じ内容を動名詞を使って表現する場合は，〈being ＋過去分詞〉という受け身の形にせず，-ing のままでその意味を表します。

　×(b) My work clothes **need** *being washed*.
　(c) My work clothes **need** *washing*.

ちなみに，なぜ受け身にする必要がないか，の説明として，このwashingから，もはや動詞的な性質が消え，「（洗うこと→）洗濯」という名詞に近くなった結果，「『洗濯』が必要」のような意味合いで使われているから，というものがあります。そして，それを裏付ける一つの例が，この名詞化した動名詞に色々な修飾語がつくことです。

(d) This house **needs** *a lot of* **painting**.
（この家はペンキをかなり塗り変える必要がある。）

(e) Most software **needs** *regular* **updating**.
（たいていのソフトは定期的にアップデートする必要がある。）

　では実例を見ておきましょう。

> The owners were a charming young couple who **needed** *little* **prompting** to tell us their story.　　　　　　　　　　　　　　　　（北九州市立大）
>
> （訳）そのオーナーは，こちらから頼まなくても私たちに話をしてくれる魅力的な若い夫婦だった。

〈prompt O to *do*〉（Oに…するよう促す）のOに相当するのがwhoで，否定語のlittleがついていますから「（話をしてくれと）ほとんど説得する必要がなかった」という意味になります。

　このneedの後に，前置詞で終わる熟語が来ることもあります。

(f) My mother's getting old and **needs looking after**.
（うちの母も歳をとってきていて面倒を見てあげる必要がある。）

(g) They have a load of waste that **needs getting rid of**.
（処分が必要な大量のゴミがある。）

(f)は，主語My motherがlook after（…の面倒を見る）の目的語に相当します。(g)では，a load of wasteを指す関係代名詞thatが，get rid of（…を取り除く）の目的語に相当します。

　さて，ここで問題です。以下の英文はどんな意味でしょう。

　How will I know if my baby **needs changing**?

ポイントはmy baby needs changingの部分です。これは〈need *do*ing〉の形ですから，このchangeは他動詞で，その意味の上での目的語はmy babyの

はずです。そこで辞書でchangeを調べると，以下の用法が見つかります。

change（他）〈子供〉を着替えさせる
Change the baby.（赤ん坊のおむつを替えなさい。）

したがって，この英文は「子どものおむつを替える必要があるかどうか，どうしたらわかるの？」（という親が抱きがちな疑問）の意味であることがわかります。

なお，ここでは動詞needに話を絞りましたが，同様の使い方をする動詞に, want, bear, deserveなどがあります。個々の用法や例文は，各自英和辞典を調べて確認しておきましょう。

第4章 ｜ 分詞

4.1 分詞の後置修飾(1): 自動詞の過去分詞

過去分詞が名詞を修飾する場合，それはたいてい「他動詞の過去分詞」で「受け身」の意味を表しています。

> a letter **written** in French（フランス語で書かれた手紙）
> a language **spoken** in Iran（イランで話されている言語）

ところが，まれに「自動詞の過去分詞」が名詞を修飾することがあり，この場合は「完了」の意味を表します。代表的なものに **fallen** leaves（落ち葉）や **developed** countries（先進国）があります。これらは分詞が名詞の前にありますが，後置修飾のこともあります。

> Despite the tremendous lack of opportunities in years **gone by**, they demonstrated that so many changes could take place.　　　　（名古屋大）
>
> （注）they は身体に障害があって以前は大会に出場できなかった運動選手を指す。
>
> （訳）過ぎ去った何年もの間に機会がまったく足りなかったにもかかわらず，彼らは非常に多くの変化が起きうることを示してくれたのだ。

go by は「(時間などが) 過ぎ去る」という熟語（⇒Appendix）で gone by は「過ぎ去ってしまった」という完了の意味を表し，直前の years を後ろから修飾しています。したがって in years gone by は「これまでの (過ぎ去った) 何年もの間に」の意味で，in years *that had* **gone** by と同義です。

　自動詞 come の例も見ておきましょう。

> She looks like an anime character **come** to life.
>
> （訳）彼女は命が宿ったアニメのキャラクターみたいだ。

この come は過去分詞で完了を表していて，上の文の後半は，an anime character *who has* **come** to life と言い換えられます。

　なお，第2文型（SVC）で使われている自動詞が，その補語を後ろに置いたまま前の語句を修飾する形もあります。次の例文を見てください。

> She walked away, leaving me in a room suddenly **gone** cold.

go coldは「寒くなる」の意味で，補語のcoldを伴ったまま名詞roomを修飾しています。goneが完了の意味を表し，言い換えると，... in a room *that had* suddenly **gone** cold とほぼ同義になります。文全体の意味は，「彼女は，急に寒くなった部屋に私を残して，歩き去った」です。

　自分の願いが叶ったときにいう "This is a dream **come** true." という慣用句がありますが，これも This is a dream *that has* **come** true. の意味です。

　また次のような自動詞turnが補語を伴う例も，慣れていないと意味がとりづらいかもしれません。

He is an actor **turned** politician.
（彼は元俳優だった政治家だ。＝ 政治家に転身した元俳優だ。）

このturnは〈turn + C〉の形で「Cになる［転向する］」の意味で使われる自動詞で，特に職業や宗教が変わる場合などに用いられます（この用法の場合，補語は無冠詞が一般的なので，politicianは可算名詞ですが冠詞は不要です）。この文は，前半の He (S) is (V) an actor (C) という部分だけ見ると，今現在俳優であるように読めますが，turned politician が後ろから an actor を修飾していて turned が完了を表しているので，He is an actor *who has* **turned** politician. の意味です。今現在の職業は俳優ではなく政治家なのです。したがって，He is ... の実質上の補語がpoliticianと感じられるせいか，He is an actor-**turned**-politician. のようにハイフンをともなう表記方法もあります。

　このturnedは人物の経歴を述べるときなどによく使われます。

the action-star-**turned**-governor Arnold Schwarzenegger
（元アクションスターから知事に転身したアーノルド・シュワルツェネッガー）

a comedian **turned** president in Ukraine
（ウクライナの元コメディアンだった大統領）

　この用法は "○○-turned-××-turned-△△-turned ..." のように連続して使えば，「元○○，その後××，さらにその後は△△…」とこれまでの複数の経歴をそのままの順序で述べることができます。

the movie-star-**turned**-governor-**turned**-president
（映画俳優の後，知事になり，最後には大統領になった人物）

これはアメリカの故ロナルド・レーガン元大統領のことを書いた記事にあった表現です。

このような後置修飾で使われる自動詞は，come, go, turn他ごくわずかで，それほど頻出する形ではありませんが，「過去分詞＝受け身」と思い込んでいると意味がとれないので注意しましょう。

4.2 分詞の後置修飾(2): 比較の対象

比較の対象を表すthanの後の名詞句に**combined**という過去分詞がついて，「thanの後にあるものをひとまとめにして（それよりも…）」といった意味を表す用法があります。

A single river in Brazil is home to more kinds of fish than are found in all U.S. rivers **combined**.　　　　　　　　　　　　　　　　　　（国学院大）

（構文）than are found ... の形については⇒ 6.18

（訳）ブラジルにあるたった一つの川が，アメリカにある全部の川を合わせてそこで見つかる以上の種類の魚の生息地となっているのである。

なお，次の文にthanはありませんが，outweighという動詞に比較の意味合いがあるので，目的語にcombinedが使われています。

Humans and livestock outweigh all vertebrates **combined**, with the exception of fish.　　　　　　　　　　　　　　　　　　　　　　（京都大）

（訳）人間と家畜の重さは，魚を除いて，あらゆる脊椎動物を合わせたよりも重いのである。

このcombinedと同じ用法を持つ熟語で，**put together**があります。これも「いっしょに合わせて」の意味で，直前の名詞を修飾します。

In fact, the United States has more lawyers than all the rest of the world **put together**.　　　　　　　　　　　　　　　　　　（慶應大，国学院大）

（訳）実際，アメリカ合衆国には他国の弁護士を全部足した数以上の弁護士がいる。

次の文法問題で問われている表現も，この形の延長線上にあると考えられます。

問　空所に入る最も適切な語を 1 つ選びなさい。

A television crew filmed a "lost" population of tigers living at a higher altitude than any others (　　), raising hopes of linking isolated groups of the big cats across Asia.

(a) know　(b) knows　(c) knew　(d) known　(e) to know　　　　　（昭和大）

正解は (d) known で，1 語で直前の any others の部分を修飾して「現在知られている他のどんなもの〈よりも…〉」という意味を表しています。全体の意味は，「テレビの取材班が，現在知られている他のどんな虎よりも標高の高いところに生息する『絶滅した』虎の個体群を撮影し，そのことがアジア全域の大型のネコ科の動物の別々の集団を関連づける希望を高めた」となります。

4.3　分詞の後置修飾(3): その他

分詞が名詞を修飾する場合，最初に習う原則は，「1 語なら前から，2 語以上なら後から修飾」です。ただ実際には，**1 語でも後ろから直前の名詞を修飾**していることがあり，それはおおよそ次のような場合です。

① 一時的・その場限りの動作を表す場合

動詞の表している動作が，習慣的なことや永続的なことではなく「一時的・その場限り」であることを強調する場合，1 語でも後ろから直前の名詞を修飾することがあります。

たとえば次の問題を見てください。

問　並べ替えて意味のとおる文にしなさい。

From ＿＿＿ ＿＿＿, ＿＿＿ ＿＿＿ ＿＿＿ ＿＿＿ could be the correct answer.

① I was　　② none of the choices　　③ provided
④ sure　　⑤ that　　⑥ the information　　　　　（センター試験）

正解は From <u>the information provided</u>, I was <u>sure that</u> <u>none of the choices</u> could be the correct answer.（提供された情報から，選択肢のどれも正解になり得ないことは確かだった）ですが，③の provided は1語で information の後に置かれています。「提供された」のが1回限りのことだから，と考えることができます（ただし選択肢では information の前に冠詞 the があるので，その点は悩まないように工夫されています）。

② 慣用的なもの

　過去分詞の中には，慣用的に1語のまま名詞の後ろに置いて使われることがよくあるものがあります。代表的なものをいくつか見ておきましょう。

(a) involved（伴っている），concerned（関わっている）

　これらは形容詞だと考えることもできます。

> There's an element of contradiction **involved**. （神戸大）
> （いくばくかの矛盾が伴う。）
> All you have to do is to go and apologize to all **concerned**. （名古屋工大）
> （関係者［当局］全員に謝りに行きさえすればよい。）

(b) enclosed（同封の），attached（添付の）

　手紙やメールといっしょに送るものを示すときによく用いられます。

> Please find the document **attached**.
> （添付書類をご覧ください。）
> The photos **enclosed** were taken in August last year.
> （同封の写真は昨年8月に撮ったものです。）

③ 誤解を防ぐため

　名詞の前に置くと他の意味だと誤解されてしまう恐れがある場合です。

> It turned out that the car **used** had been stolen.
> （使用された車は盗まれたものであることが判明した。）

used には「中古の」の意味の形容詞があるので，上記の文で the used car と書くと「中古車」の意味だと誤解される可能性があります。

4.4 名詞＋being＋過去分詞

　This is a watch *made* in Japan.（これは日本で作られた腕時計である）という文の「作られた」というのは「現在・過去・未来」のいつの時を表しているのか考えたことがありますか？　このような形の場合，

①　過去に「…された」
②　一般論として「（いつも）…される」

のどちらかの意味を表すのが普通です。上の例で具体的に言うと，①「日本で過去に製造された時計」または②「普段日本で生産されている時計」→「日本製の時計」のどちらかの意味です。

　では，「…されている最中」という意味を表したいときにどうすればいいでしょう？　このときに使われるのがこの〈**名詞＋being＋過去分詞**〉の形です（このbeingは現在分詞です）。

　The topic **being discussed** now has nothing to do with this.
　（現在討論中の話題はこのこととは無関係だ。）

　ちなみに過去分詞の前にto beが置かれた形，つまり〈名詞＋to be＋過去分詞〉という形は，「これから…されるべき」という予定の意味を表します。

　That is a topic **to be discussed** later.（それは後で討論されるべき話題だ。）

　このbeingの後に置かれる過去分詞が前置詞をともなった句動詞のこともあります。

Another aspect of speech that is not part of language is the way speech conveys information about the speaker's attitude to life, the subject under discussion, and the person **being spoken to**. （山梨大）

（**訳**）言語の一部ではない話し言葉のもう1つの側面は，人生，討論されているテーマ，話しかけられている人に対する話者の姿勢に関する情報を，話し言葉が伝達する方法である。

　ただし〈名詞＋being＋過去分詞〉という形に出会っても，必ずしもこの後置修飾のパターンとは限らないことにも注意してください。次のbeingは

現在分詞ではなく，前にあるofという前置詞の目的語となる動名詞で，直前のthe young person's offerはその意味上の主語です。

> There also seems to be a chance of *the young person's offer* **being refused**, according to Ogura, so youngsters become reluctant to offer the seat in the first place. （新潟大学医療技術短大部）
>
> 訳 小倉氏によると，若者の（席を譲るという）申し出が断られる可能性もあるように思われ，だから若者はそもそも席を譲ることに気が乗らなくなってしまうとのことである。

4.5 　分詞構文の強調形

　分詞構文で使われている現在分詞や過去分詞の後ろに，以下の①，②のように〈**as S do [is]**〉という形を置いて，その行為が現在（または過去）に実際に行なわれていることを強調する用法があります。それほど重い意味はないのですが，訳すときはlike this [that] に相当する「このように［あのように］，この通り［あの通り］，実際」といった日本語を添えて訳すのが慣例となっています。

① 現在分詞 (-ing)＋as S do

> *Knowing* him **as I do**, I can rely on him to help Bill.
> （私は実際に彼のことを知っているので，彼がビルを助けるだろうと当てにできる。）

Knowing him（彼のことを知っているので）という分詞構文に，as I doという形が添えられています。Iは主文の主語（I can rely ... のI）と揃え，doの時制も全体の現在時制と合わせます。Knowingは分詞構文で理由を表していますが，as I doの部分は「私は彼のことを実際に知っている」という意味を表しています。

> *Standing* **as it does** on a hill, the school offers a fine view. （立教大）

この例文ではstandingの後にas it doesが置かれてStandingを強調していま

す（ちなみに入試の文法問題では，なぜかこのStanding as it does on ... という形がよく出題されるので，受験生の皆さんはこのまま覚えてしまいましょう）。訳は「あのように丘の上にあるので，その学校は素晴らしい見晴らしだ」の意味になります。

　なお，現在分詞が他動詞で，その目的語との間にこの形が割り込むと，つながりがわかりづらくなる恐れがあります。以下の例をみてください。

However, loss of wilderness areas, **affecting as it does** millions of species, is at the root of all these problems.　　　　　　　　　　　（慶應大）

　（訳）しかし，原生地域の消滅は，何百万種という生物に実際に影響を与えていて，こうした問題すべての根源にあるのである。

affectingとその目的語millions of speciesの間に，この強調の形as it doesが割り込んでいます。

　では現在分詞の分詞構文で動詞がbe動詞，つまりBeing ... という形の場合は，どうなるのでしょうか？　解答は以下の入試問題にあります。

... for them these words will be nothing more than mysterious signs for which they simply do not have the knowledge to understand. **Being a writer as I am**, that is perhaps the biggest disgrace today;

問　下線部を以下のように書き換えるとどうなるか。下の空欄に入る適切な単語を1語書きなさい。

　For a writer (　) me　　　　　　　　　　　　　　　　　（明治大）

　（注）本文中のthem, theyはアフリカで教育の機会を奪われた子どもたちを指す。

　（語句）disgrace 不面目

　（訳）その子たちにとってこうした言葉は，理解する知識がまったくない不可解な記号に過ぎないのである。私はこの通り作家であるので，それがおそらくは今最大の恥ずべき点だ。（正解はlike）

このBeing a writer as I amが分詞構文の強調形です。現在分詞Beingが使われている場合は，as I amのようにbe動詞が使われることが確認できます。

　また文頭の *do* ingが進行の意味を表している場合はdoの代わりにbe動詞が使われます。

Writing hurriedly **as she was**, she didn't notice the spelling errors.
（急いで書いていたので，彼女はスペルミスに気づかなかった）

② 過去分詞 (-ed) ＋ as S is

　過去分詞の場合は，as S is を添えます。is の部分は S に合わせて変化します。

　Written **as it is** in simple English, the book will be useful for beginners.
（この通り易しい英語で書かれているので，その本は初心者には有益だろう。）

Written in simple English という分詞構文に as it is が添えられています。it は主文の主語 the book を指しています。

4.6　前文の内容を意味上の主語とする分詞構文

　分詞構文の意味上の主語は，主文の主語と一致するのが原則です。ところが，分詞構文の中には，前文の内容の全体または一部を意味上の主語だと考えたほうがよいものもあります。代表的な形に以下のようなものがあります。

$$
\text{S} + \text{V} \sim \quad , \quad
\begin{array}{l}
\textbf{causing ...} \\
\textbf{indicating ...} \\
\textbf{killing ...} \\
\textbf{leading to ...} \\
\textbf{making ...} \\
\textbf{resulting in ...} \\
\textbf{showing ...}
\end{array}
$$

いずれも，分詞構文は主文より後に置かれ，*and that* caused [indicated, killed, led to, made, resulted in, showed] ... のように置き換えて考えればいいでしょう。あるいは関係代名詞の非制限用法の which を使って，〈..., *which* caused ...〉のような役割をしていると説明することもできます。

But when AI writes text, each line is novel and unique, **making** it hard to detect cheating. (VOA news)

> 訳　しかし AI が文章を書いた場合，各行が新しく独自のものであり，不正を発見するのが困難になる。

その他の動詞の例も見ておきましょう。

In 1991, a Boeing 767 took off from Bangkok. Minutes later, the aircraft's computer started its thrust reversers, **causing** the plane to crash. (法政大)

> 訳　1991 年，ボーイング 767 がバンコクから飛び立った。数分後，同機のコンピュータが逆推進装置を作動させ，飛行機は墜落した。

Yet there was practically no difference in the survival rate among the two countries' women, **indicating** that English gentlemen gallantly sacrificed themselves. (慶應大)

> 注　タイタニック号沈没事件で，イギリス人男性よりアメリカ人男性の生存率のほうが高かったことを述べた後の文章。

> 訳　それにもかかわらず，両国の女性の生存率にはほとんど差が見られなかった。これは，イギリス人の紳士が勇敢にも自らを犠牲にしたことを示している。

When this happens, thousands and thousands die, **resulting in** a population crash. (センター試験)

> 注　ある種の動物が短期間で繁殖すると食糧不足が起こると述べた後の文章。

> 訳　こうしたことが起こると，無数の動物が死に，結果として個体数の激減を招く。

4.7 付帯状況のwith（理由・結果・詳細の追加）

付帯状況のwithというと，その名前から

$$S + V ... \qquad + \qquad \text{with A} + \text{B}$$

メインの出来事　　　　　　　付帯状況＝メインの出来事の背後にある「…しながら」「…したまま」といったサブの出来事や状態

というイメージが浮かぶのではないでしょうか？　付帯状況の例文で代表的なのが，以下のようなものです。

Don't speak **with** your mouth *full*.
（食べ物をほおばったままで物を言ってはいけない。）

He was sitting **with** his legs *crossed*.
（彼は脚を組んで座っていた。）

これらはまさにメインの出来事と同時に行われている「おまけの状況」感が漂います。

　しかしこの「付帯状況のwith」には，上にあげたイメージからやや離れた用法も存在します。それをいくつか見ておきましょう。

① 理由

With this year **being the 40th anniversary** of the launch of the first Mini, a large number of events are being organized in Japan.　（東京都立科学技術大）

（注）Mini は the Austin Mini（オースチン・ミニ）という自動車の商品名の略称。

（訳）今年が初代ミニ発売の40周年にあたるので，多数のイベントが日本で準備されている。

② 結果

文末に置いて，結果を表します。

> In 1848 the Irish Potato Famine occurred, and a million people in Ireland starved to death, **with** thousands **escaping** in poverty to Canada and America.　　　　　　　　　　　　　　　　　　　　　　　　　　（東京国際大）

> （訳）1848 年，アイルランドのジャガイモ飢饉が起こり，アイルランドの百万人の人が飢え死んだ。そして，何千人もの人がカナダやアメリカに貧しいまま脱出した。

③ 詳細の追加

　特に，直前の内容を，具体的な数値を使って内訳を述べる場合に多いように思われます。

> "Most U.S. high school students choose not to take advanced science, **with** only one-quarter **enrolling** in physics, one-half in chemistry," the National Science Foundation discovered.　　　　　　　　　　　　（学習院大）

> （構文）one-half と in の間に enrolling を補って考える。

> （訳）「ほとんどのアメリカの高校生は科学上級を選択せず，物理を選択するのはたった 4 分の 1，化学は半数の生徒しか履修していない」ということを，米国科学財団が発見した。

　ハイフン（hyphen）とは，「-」の記号で，複数の語をつなぐのに使われることがあります。

> 　例　mother-in-law 義理の母 / state-of-the-art 最新式の /
> three-dimensional 3次元の / a five-year plan 5か年計画 /
> a seven-year-old boy 7歳の男の子

　また，句や文に相当する語句をつなげて，形容詞のように機能させることがあります。以下は読解問題での出題例です。

(a) "I'm happy to be alive."（生きていて楽しい）

> Very neat appearance, he had that **happy-to-be-alive** attitude that made even his occasional mischievousness delightful.　　　　（都留文科大）
>
> 　訳　彼は身なりも非常にきちんとしていて，時折見せるいたずらっぽささえも愉快なものにしてしまう「生きていて楽しい」態度を持っていた。

(b) jump on a chair at the sight of a mouse
（ネズミを見て椅子の上に飛び上がる）

> A spirited discussion springs up between a young girl who insists that women have outgrown the **jumping-on-a-chair-at-the-sight-of-a-mouse** era and a colonel who says that they haven't.　　　　（関東学院大）
>
> 　訳　女性が強くなって，ネズミを見て椅子の上に飛び上がる時代から抜け出したと主張する若い女性と，女性はまだそうなっていないと言う大佐の間に活発な議論がわき起こるのである。

第5章 | 比較

比較の2つ目のas以降省略

　比較の相手は一般的に〈as ...〉や〈than ...〉の形で表されますが，その相手が明らかな場合は省略されることがあります。

> You are a fast runner, but I can run **as** fast.

後半は，もちろん I can run **as** fast **as** you の意味ですが，文の前半で比較の対象である you が登場していますから，最後の as you がなくても，文脈上十分わかりますね。

　類例を見てみましょう。

M: Kevin is a really funny guy.

W: He sure is!

M: Do you think we could become **as funny** if we got training or practice?

（センター追試）

訳

男性：Kevin は本当に面白いやつだな。

女性：本当にそうね。

男性：訓練したり練習したりすれば僕たちも同じくらい面白くなれると思う？

---

become as funny (as he) のように補って解釈します。なお，この省略が起こる場合，as の前に just（まったく，ちょうど）がつくことが多いことは知っておいていいでしょう。

　倍数表現の場合も比較の対象が明らかな場合は，〈as ...〉以降が省略できます。

And English cannot claim the highest number of native speakers; Chinese has about three times **as many**.　　　　（東京外国語大）

訳　そして英語は母語話者の数がいちばん多いとはいえない。中国語は英語の約3倍多いのだ。

上記の文では about three times as many (as English) の意味で解釈します。many は many native speakers の意味です。

5.2　異質な性質を〈as ... as〉で比較

　比較の文では，ある1つの形容詞や副詞に関してその程度を比べるのが原則です。このとき，その形容詞や副詞が同じだからこそ比較できるのであって，たとえば「私の背の高さ」と「彼の親切さ」のように形容詞や副詞が違えば，同じ尺度上にありませんから比較ができません。ですから，普通は（×）I am as tall as he is kind. などという比較の文はないはずです。

　ところが次の文の下線部を見てください。

　　Everyone wants to reduce pollution. But <u>the pollution problem is **as** complicated **as** it is serious</u>.（滋賀大）

これは

　　The pollution problem is complicated.
　　　+
　　It (= the problem) is serious.

という2つの文を元にできた文で，complicated と serious という異なる形容詞を，同じ尺度の上で比較している形をしています。これは一種の言葉のあやで，主張は前半の「公害の問題は複雑だ」にあります。その「複雑さ」を強調するために，〈**X is as A as B**〉という比較の形を使って，「主語Xに対して，Bという表現と同じくらいAという表現が適切である」と言っているのです。「公害の問題は，深刻であると同時に複雑でもある」のように訳すといいでしょう。

　この意味で，A, Bが程度が変化しない名詞句や前置詞句などの場合は〈**X is as much A as B**〉のように much が入った形が使われることがあります。

National character may after all be **as much** a matter of decision **as** of history.　　　　　　　　　　　　　　　　　　　　　　　　　（同志社大）

（訳）国民性とは，結局，歴史の問題であると同時に，意思決定の問題なのかもしれない。

　次の例は due to ...（…が原因で）とこの〈as much ... as〉がからんでいます。

Most changes in hearing are probably *due* **as much** *to* noise exposure **as** *to* aging.

> （訳）聴力の変化のほとんどは，歳をとることと同時に騒音にさらされることがおそらく原因である。

この 〈as much ... as〉 とよくいっしょに使われる熟語が depend on です。

Success at university *depends* **as much** *on* how effectively you can communicate **as** *on* what you know.　　　　　　　　（実践女子大）

> （訳）大学での成功を左右するのは，知識と同様に効果的な意思伝達能力である。

　ちなみにこの 〈**X is as much A as B**〉 を否定文にして1つ目の as を so に変えると，おなじみの 〈**X is not so much A as B**〉（X は A というよりは B）という熟語になります。

5.3　〈as ... as〉が主語になる形

　まず，かつて東京大学で出題された和文英訳問題にチャレンジしてもらいましょう。一見，簡単に見えますが，意外と難しいのではないでしょうか。

問　次の日本文を英語に訳せ。
　予想していた人数の4倍の人が来てくれた。　　　　　　　　（東京大）

　ポイントとなるのは，倍数の表現です。倍数表現は，慣れないうちは，次の2つのステップを踏んで作るようにするとよいでしょう。

① まず，「倍数」を取り去って，〈as ... as〉を使って「同じくらい…」という文を作る。
②〈as ... as〉の直前に倍数を置く。

まず①ですが，「4倍」を取り去って「予想していたのと同じくらい多くの人が来た」という文を作ります。「多くの人が来た」は many people came です。これに「予想と同じだけ多くの…」を表す **as ... as** I [we] had expected という形をかぶせます。... の部分には形容詞か副詞が来るので，many people の部分を挟むと，以下のようになります。

　(a) **As** many people came **as** I [we] had expected.

または動詞を文末に移動させて，

　(b) **As** many people **as** I [we] had expected came.

となります。
　②のステップで，この1つ目の As の前に4倍 (Four times) という倍数を置けば完成です。

　(c) *Four times* **as** many people came **as** I [we] had expected.
　(d) *Four times* **as** many people **as** I [we] had expected came.

となります。
　ところで，この正解の英文にどこか違和感を感じる人がいるとすれば，私たちが普段見る倍数表現の例文は，以下のように，〈as ... as〉に挟まれる語句が目的語や補語の場合が圧倒的に多いからではないでしょうか。

　Tom (S) has (V) *three times* **as** many books (O) **as** Bob.
　（トムはボブの3倍本を持っている。）

　His house (S) is (V) *twice* **as** large (C) **as** mine.
　（彼の家は私の家の2倍の大きさだ。）

一方，上の (c), (d) は〈as ... as〉に挟まれた部分が主語を含んでいて，頭でっかちの文になっています。このような形にも慣れておくようにしましょう。

As little is left to the discretion of the players on the field **as possible**.

（名古屋大）

(語句) leave ... to the discretion of ～　…を～の判断に任せる

(訳) フィールドにいる選手の判断に任せられている部分はできるだけ少なくなっている。

If the two rates are roughly the same, **as many** people are dying **as** are being born and so the population is not increasing. (学習院大)

注 the two rates は先行する文脈にある「出生率」と「死亡率」を指す。

訳 もしこの2つの率がほぼ同じなら，次々と生まれてくるのと同じ数の人間が次々と死んでいることになり，したがって人口は増えてはいないことになる。

At least **as** much attention needs to be paid to the processes that occur in troubled, two-parent families **as** to the trauma that children suffer after their parents separate. (愛知県立大)

訳 両親が別れた後に子供が受けるトラウマに向けるのと少なくとも同じだけの関心を，親が二人ともいて問題のある家族で起こる事態の経過にも向ける必要がある。

5.4　文頭の〈as ... as〉の可能性

　文頭が〈as ... as〉で始まる英文の可能性を整理すると，比較的よく見るのは以下の形です。

　　(a) 主語に比較構文の〈as ... as〉がついている　⇒前項5.3を参照
　　(b) 強調の〈as ... as〉：*as many as* 100 books（100冊もの本）など
　　(c) 〈as＋形容詞＋as S is〉（as young as he isなど）⇒7.9参照

　この他に，〈X is as A as B〉という比較構文が倒置した〈**as A as B is X**〉という形があります。ここではこの形を見ておきましょう。

As shocking **as** the violence was the realisation that many people had watched on as innocent, vulnerable people were attacked. (慶應大)

語句 watch on 傍観する

訳 その暴力と同じくらい衝撃的だったのは，罪のない弱い人々が襲われるのを多くの人が傍観していたことに気づいたことだった。

普通の語順に直せば，the realisation (S) was (V) as shocking (C) as the violenceとなります。この英文は直前にshockingな暴力事件の描写が書いてあって，「その暴力と同じくらいショッキングだったことは…である」という流れで新たなshockingな事実を紹介する形になっています。これがこの語順になった要因の一つだと考えられます。

この〈as A as B is X〉の〈as B〉が先行する文脈にあって明白な場合は省略されて〈**as A is X**〉という形になることもあります。

> But **just as** important **was** the advent of cooking, which enables food to be transformed into much softer and more calorific forms before being eaten.
>
> 〈信州大〉

（訳）だがそれとまったく同じくらい重要なのは調理法の出現であった。調理によって食物を食べる前により柔らかく熱量の高い形に変えることが可能になったからだ。

この英文は人類の進化における脳の発達の重要性の話です。脳が発達した要因の一つがこの英文の直前に書かれている「食事における動物性タンパク質の増加」で，それに続けてこの英文で「そのタンパク質の増加とまったく同じくらい重要なのは…」という流れになっています。

5.5 again as ... as

⇒5.3で見たとおり，英語で「XはYのn倍」を表すには，〈as ... as〉の直前に〈*n* times〉を置きます。もし *n* = 1.5なら「1倍半」にあたる one and a half を使います。

(a) Bob has *one and a half times* **as** much money **as** Ann.
（ボブはアンの1.5倍のお金を持っている。）

実は，英語には1.5倍を表すのにもう1つ方法があります。

(b) Bob has *half again* **as** much money **as** Ann.
(c) Bob has *half* **as** much money *again* **as** Ann.（この言い方は主に米語）

この**again は元々あった数量に，again の前にある数量を加える**ことを意味しますので，X is *half* **as** much ... *again* **as** Y. なら，X は Y+half (0.5Y)=1.5Y で「1.5倍」，A is *twice again* **as** long **as** B. なら A は B+twice (2B)=3B で「A は B の3倍長い」ということになります。理論上は見た目より実際表している倍数が1つ分多くなるので注意が必要です（ただし，この again を用いた表現は，倍数が half と twice の場合以外はそれほど頻繁には使われないようです）。

　以下の英文も，上の(b)の形が使われて「1.5倍の大きさ」を表しているのですが，as large as の部分に相当する意味が〈the size of ...〉で表現されているので，倍数構文であることがいっそうわかりにくくなっています。

> It is less revealing to say that Japan is smaller than California or could be lost in a Siberian province than to point out that it is considerably larger than Italy and **half again** *the size of* the United Kingdom. （上智短大）
>
> (訳) 日本はカリフォルニアよりも小さいとかシベリアのある地方の中に置けば見失なうこともありうるなどと言うことは重要ではなく，それよりはむしろイタリアよりもかなり大きく，イギリスの大きさの1.5倍だと指摘することのほうがもっと重要である。

5.6 than＋接続詞

比較の文は，基本的に2つの文をつなげて作ります。

　「彼女は今日は具合がいい」
　She is well *today*.　…①
　「彼女は先週君が会ったとき具合がよかった」
　She was well *when you saw her last week*.　…②

この①，②の文を使って，「今日の彼女は先週君が面会したときよりも具合がよくなっている」という文を作ります。

　She is **better** *today* **than** she was *when you saw her last week*.

この文では than 以下の S＋V (she was) は前半と同じなので省略できます。

She is **better** *today* **than** *when you saw her last week.*

than の後に when や if という接続詞がある場合は，たいていこのようにその接続詞の前に S + V が省略されていますので，文前半の S + V を補って考えることが大切です。

　もう1つ例を見てみましょう。

The old man is *never* **happier than** *when he is with his wife.*

この英文も以下のように he is を補って考えます。

The old man is *never* **happier than** (he is) *when he is with his wife.*

5

比較

直訳すれば「その老人は，妻といっしょにいるときに幸せである以上に幸せであることは決してない」ですから「その老人は妻といるときほど幸せなときはない」といった意味を表しています。

　では接続詞が when 以外の例を見ておきましょう。

It is said that where many different kinds of plants and animals live together there will be a better balance **than** *where there are only a few kinds.*

(県立広島大)

（構文）where は接続詞で，where S + V で「S が V するところでは」という意味の副詞節をまとめます（⇒ 7.23）。than の後に there will be を補って考えます。

（訳）多くの様々な種類の動植物が共生しているところでは，ほんの数種類の動植物しかいないところと比べてバランスがよくなると言われる。

Even those who switch back and forth between just two activities, like writing and e-mailing, "may spend 50 percent more time on those tasks **than** *if* they complete one before starting the other."

(大阪大)

（構文）than の後に they do (=spend) を補って考えます。

（訳）文を書くこととメール送信のような，たった2つの活動を交互に行う人々でさえ，「一方を始める前にもう片方を終わらせる場合と比べて，そうした作業に 50%多くの時間を費やすことがあるかもしれない」。

5.7 文頭の rather than

〈A rather than B〉（B よりはむしろ A; B ではなくて A）というフレーズで，語順が変わって〈**rather than B, A**〉と書かれることがあります。

Rather than become a professor after finishing my Ph.D. in operations research, I became a small-business owner. （東京理科大）

（訳）オペレーションズ・リサーチの博士課程を終えた後，教授にならずに，私は中小企業経営者になった。

rather than の後が動名詞の例もよく見かけます。

Rather than helping us to get more rest, the tyranny of the eight-hour block reinforces a narrow conception of sleep and how we should approach it. （国際教養大）

（語句）the tyranny of ... …の束縛　block ひとまとまり　reinforce （考えを）強固なものにする，裏付ける

（訳）8 時間まとめて寝なければいけないという考えに縛られることは，私たちがもっと休むのを手助けするどころか，睡眠，そして私たちがそれにどう取り組むべきなのかについての狭い概念をいっそう強いものにしている。

rather than の後が名詞の例も見ておきましょう。

Rather than a digital divide between users and non-users, he says, there is a "digital apathy." （東京理科大）

（語句）digital divide デジタルデバイド《IT を使いこなせる人とこなせない人の間に生じる格差》　digital apathy デジタルアパシー《IT に対する無関心》

（訳）使用者と非使用者の間にはデジタルデバイドよりはむしろ「デジタルアパシー」が存在するのだと彼は言っている。

5.8　could (not)＋比較級

　I couldn't agree more. という慣用句があります。couldn't という否定があるので「同意できなかった」という意味になりそうですが，この couldn't は仮定法の帰結節に現れる could と同じで「（仮にそうしようとしても）ありえない［できない］だろう」という意味で，内容は現在のことです。この文は「（今，すでに相手の意見に大賛成で）これ以上賛成することはありえないだろう」ということになり，そこから「（これ以上賛成のしようがないくらい）大賛成です」という意味になります。

　この could と比較級がからむ慣用表現は，見た目と実際の意味が反対になるので注意が必要です。

Mark:	How is your work coming along?
Susan:	It **couldn't be better**.　(慶應大)

　Mark の「仕事のはかどり具合はどう？」（come along は「〈仕事などが〉（順調に）進む」の意味）という質問に対する Susan の答えの It couldn't be better. の意味を考えてみましょう。これは後に than it is now を補って，直訳すれば，「今よりもよい状態はありえないだろう」ですから「今がいちばんいい，絶好調だ」の意味になりますね。

　また過去のことであれば，〈could (not) have ＋過去分詞〉の形が使われます。

Jane:	How did the concert go?
Bill:	It **couldn't have been better**.　(早稲田大)

　「コンサートどうだった？」という質問に対して，「もっとよくなる可能性はなかっただろう」と答えています。これは「すばらしかった，最高だった」の意味になります。

　この形を使った **Nothing could be further from the truth**. という慣用句があります。

Some people think that language is all about communicating information. **Nothing could be further from the truth**: another important role of language is to build relationships.　　(学習院大)

この表現は最後にthan thisを補って考えるとわかりやすくなります。このthisは直前で述べられた内容を指し「それよりも真実からより離れている可能性のあるものはないだろう」が直訳です。

　なお，上にあげた用例はcouldが否定形の場合ばかりでしたが，もちろん肯定形の場合もあります。

It could have been worse.
（もっとひどいことになっていたかもしれない：不幸中の幸いだった）

5.9 〈the＋比較級，the＋比較級〉の発展形

〈the＋比較級，the＋比較級〉の構文で，省略や倒置などが起こることがあります。ここではその形を確認しておきましょう。

① be動詞の省略

The more complex the program, **the more** likely it is to have errors.

（会津大）

この文は，以下の2つの文が土台になっています。

(a) The program is *complex*.
（そのプログラムは複雑だ。）

(b) It is *likely* to have errors.
（それはエラーを含む可能性が高い。）

このイタリックの部分が〈the＋比較級〉の形になり，それぞれの節の最初に移動すると次のようになります。

(a)' *the more complex* the program is

(b)' *the more likely* it is to have errors

これを (a)' → (b)' の順に並べると「そのプログラムが複雑であればあるほど，エラーを含む可能性がより高くなる」という文になりますが，(a)' の文と冒頭の文を比べると，前半部に is がないことに気づきましたか？ **この形では，節の最後に置かれる be 動詞が省略されることが比較的頻繁にあります。**

②〈the ＋比較級，the ＋比較級〉の後半（主節）が普通の文の形で書かれている場合

この場合〈SV ..., the ＋比較級〜〉という形になり，最初の〈SV ...〉が主節で，後にある〈the ＋比較級〜〉が従属節ですので，訳すときは後ろから戻って「〜であればあるほど，SV...」という順序になるので注意が必要です。

> Languages exist to serve practical purposes and they serve those purposes *better* **the more** people in the same society speak the same language.
>
> (一橋大)

> **訳** 言語は実用的な目的を果たすために存在し，同じ言語を話す人が同じ社会の中で多ければ多いほど，言語は実用的な目的をよりよく果たすのである。

③ the SV が 3 つ以上ある場合

and のないほうが従属節と主節の境目になるので，注意が必要です。

> **The longer** you can stay, **the more likely** it is that you will step outside the often-superficial world of a tourist, **and the lower** your daily expenses are likely to be.
>
> (京都府立大)

> **訳** 滞在期間が長ければ長いほど，観光客の見るしばしば表面的な世界の外に踏み出す可能性が高くなり，また日々かかる費用も低くなりやすいだろう。

④ 倒置

be 動詞が主語の前に置かれて〈the ＋比較級 ＋ be S〉の形になることもよくあります。

> ... **the more people** he meets, **the greater** *are* his chances of coming into contact with someone who can have a beneficial influence on his life.
>
> (中央大)
>
> (訳) 彼の会う人の数が多ければ多いほど，自分の人生に有益な影響を及ぼしうる人と接触する機会がますます増えるのである。

the greater (C) are (V) his chances (S) の部分で，本来文末にあるべき are が主語の前に置かれています。

5.10　比較構文で起こる倒置

〈as ... as ～〉や〈比較級 ... than ～〉といった比較の構文で，比較の相手を示す～の部分にある SV が倒置を起こすことがあります。その場合，「**S が代名詞以外で，V は be 動詞，助動詞，代動詞 do のいずれか**」であることが原則です。例を見てみましょう。

①〈as ... as〉の後ろで起こる倒置の例

> Prehistoric marine animals were **as** diverse in appearance and habits **as** *are* land creatures of today.
>
> (北里大)
>
> (訳) 先史時代の海洋生物は今日の陸上の生物と同じくらい，その外見や習性が多様であった。

②〈比較級 ... than〉の後ろで起こる倒置の例

> On the one hand, male pilots often have an easi**er** time learning how to fly **than** *do* female pilots.
>
> (共通テスト試行調査)
>
> (訳) 一方で，男性パイロットは女性パイロットと比べて飛行方法を学ぶのにより楽な時間を過ごすことがよくある。

この do は have an easy time learning how to fly の意味の代動詞です。

比較構文のnowhere

　英語には Nothing is more important than time.（時間より重要なものはない）のように，否定と比較級を組み合わせて，実質的に最上級と同じ意味を表す構文が存在します。ここでは，否定の副詞nowhere（どこにも…ない）と比較級が同時に使われた〈**SV nowhere more ... than in ～.**〉「～において以上にSがVする場所・分野はない→Sは～（という場所・分野）において最も…である」という形を扱います。

　まず読解問題での用例を1つ見ておきましょう。

Such patterns of adjustment to the environment are seen **nowhere more clearly than in** the kangaroo and the other marsupials for which Australia is so famous.

（関西大）

　訳　環境へのこうした適応パターンが，オーストラリアの名物であるカンガルーやその他の有袋類においてほどはっきりと見られるところはない。

文頭のSuch patternsとは，直前の段落にある，オーストラリアで一部の鳥が子育てをする際の特異な行動のことを指しており，そうした行動が最も顕著なのはカンガルーやその他の有袋類だと言っています。

　さらに，このnowhereが文頭に置かれると，元々文頭にあったSVが疑問文と同じ形の倒置を起こします。Vが一般動詞の場合は〈**Nowhere＋助動詞＋do SV more ... than in ～ .**〉，Vがbe動詞の場合は〈**Nowhere＋be動詞＋S more ... than in ～ .**〉となります。これも具体例を見ておきましょう。

Scientific controversy continues and **nowhere is it more apparent than in** trying to answer the fundamental questions about human origins, or our roots.

（千葉大）

　訳　科学の分野での論争は続いており，それは人間の起源，すなわち私たちのルーツに関する根本的な疑問に答えようとすることにおいて，最も顕著である。

　なお，比較級の代わりに，〈as ... as〉の形が使われていても同じ意味になります。

5

比較

Nowhere in the world are lawns **as prized as in** America. （北海道大）

> （訳）アメリカほど芝生が重んじられているところは世界中で他にない。

5.12 evenを補う最上級

最上級をそのまま「最も…な」と訳した場合に，意味に違和感を感じる場合があります。たとえば，

The **wisest** person sometimes makes mistakes.

という文を「最も賢い人間はときどき誤りを犯す」と読むと，「じゃあそれ以外の人たちは？」と考えたくなってしまいます。

このような場合，**最上級には前にeven**（…でさえ）**を補って解釈する場合がある**ことを覚えておきましょう。この文も，Even the wisest person ... のように補って読めば，「最も賢い人間<u>ですら</u>時には誤りを犯す」と読め，「だから我々凡人は言うまでもなくいっそう注意しよう」といった教訓めいたニュアンスを持つ文になります。

他の例も見てみましょう。

How then had we managed to learn so little about dogs that we could not answer **the simplest** question: what do they want? （学習院大）

> （訳）それならいったいどうして「犬は何を欲しがっているのか？」という最も単純な質問にすら私たちは答えることができないほど，犬についてほとんど何も知ることができなかったのだろうか？

この最上級が重複して使われた例も見ておきましょう。

The poorest families in **the remotest** villages will always extend a warm welcome and one that is quite frequently beyond their means. （龍谷大）

> （語句）extend a welcome 歓迎する
>
> （訳）最も辺鄙(へんぴ)なところにあるいちばん貧しい家庭でさえも，いつも暖かい歓迎をしてくれるもので，それが自分の収入に見合わないほどの歓迎であることも極めて頻繁にある。

　ここでは〈many more + 複数形〉という形の3通りの読み方を考えてみましょう。

　(a) I know there are **many more** intelligent people than me in this college.
　　(この大学には自分よりも頭のいい人がたくさんいることはわかっている。)

この場合, many は〈more intelligent people than me〉の数が「多い」ということを示す形容詞です。more は intelligent を比較級にするための副詞です。

　(b) There are **many more** people than we imagined.
　　(想像よりもはるかに多くの人がいる。)

この more は名詞 people を修飾する形容詞で many の比較級です。その前にある many はその more を強調する副詞で「はるかに, ずっと」の意味です。この場合, many の位置に, far, a lot, a great deal, a good deal なども使えますが, <u>much は使えません</u>。much が使えるのは後ろにある名詞が不可算名詞の場合です。

　You will need *much* **more** money than you do now.
　　(君は今よりもはるかに多くのお金が必要になる。)

　この many と much の区別は入試の文法問題でもときどき問われます。

> 問　(A) ～ (E) のうち, 誤った英語を含んだ部分があれば (A) ～ (D) の 1
> つを, 誤りがない場合には (E) を選べ。
> There were (A)<u>much more people</u> than I (B)<u>had expected</u> (C)<u>standing</u> (D)<u>in
> a long line</u> around the theater to buy an advance ticket.
> (E)<u>NO ERROR</u>　　　　　　　　　　　　　　　　　　　　　　(早稲田大)

正解は (A) で much more people を many more people に訂正する必要があります。
　さて,〈many more + 複数形〉が, さらに別の意味を表す場合があります。
「お皿をもう1枚もらえますか？」は Can I have *one* more plate? です。この追加の枚数が「もう2枚」なら *two* more plates,「もう10枚」なら *ten* more

plates，つまり〈追加の数 + more + 複数名詞〉という形になります。この〈追加の数〉の部分にmanyを置いて「お皿を追加でたくさん」と言いたければ，*many* more platesとなります。この場合の〈many more + 複数形〉は後ろにthanがなく，前に数量的なものがすでに登場していることが多いので，上であげた「はるかに多くの」の意味と区別することができます。

> Although 26 people died in this storm, **many more** would have died without this warning. （名城大）
>
> 訳 この嵐で26名が死亡したが，この警報がなかったらさらに多くの人が亡くなっていただろう。

このmany moreはmany more peopleの意味で，「はるかに多くの人」ではなく，前にある実際に死んだ26という数を踏まえて，「（26名より）さらに多くの人」の意味になります。

5.14 クジラ構文の発展形

クジラ構文とは「クジラの公式」とも呼ばれ，〈no more ... than〉およびそれに準ずる形の俗称で，以下に示す代表的な例文にクジラが登場するのでそう呼ばれています。

A whale is **no more** a fish **than** a horse is.
（クジラが魚でないのは，馬が魚でないのと同じだ。）

ちなみに，この例文が日本の文法書に初出したのは1898年から1899年にかけて出版された斎藤秀三郎氏の*Practical English Grammar*だそうですので，足掛け3世紀にわたって受験生の間で定番となっている例文です。

さて，この〈no more ... than〉のnoという否定語が別の否定表現に形を変えて現れることがあります。よく知られているのは，以下のように〈not ... any more than〉となるパターンで，この形は頻繁に現れますので特に珍しくはありません。

We do *not* know how art began **any more than** we know how language started. （京都工芸繊維大）

> 【訳】我々には芸術というものがどのように始まったのかわからないが，それは言語がどのように始まったのかがわからないのと同じである。

　以下ではこれ以外の形を見ていきましょう。まずは，このnotがany more thanと別の節にある場合です。

It's **not** that common sense should have **any more** authority in psychology **than** it does in physics or astronomy. （京都大）

> 【訳】常識は，物理や天文学以上に心理学において権威を持つべきだというわけではない（意訳：常識は，物理や天文学で権威を持たないのと同様に，心理学においても権威を持つべきだ，ということではない）。

このIt's not that ... という形によってthat以降の意味が否定されていますので，意味的にクジラ構文と同じように解釈できます。
　次は否定語がないように見える例です。

It would be entirely wrong to say that Americans love rules **any more than** it would be correct to say that the British love waiting in line. （一橋大）

> 【訳】アメリカ人は規則が好きだと言うとしたらそれはまったくの見当違いで，それはちょうどイギリス人は列を作って待つのが好きだと言うのが正しいと言っているようなものだろう。

この英文の主節には，noやnotといった否定語は見かけ上ありませんが，It would be entirely wrong to say that ... （…と言うのはまったくの誤りであろう）というフレーズがthat以下の内容を実質的に否定することになるので，notと同じような役割をしているというわけです。

Column 珍しい接続詞，副詞など

　以下の語は出題頻度が少ないため独立した項目としてとりあげませんでした
が，すべて入試問題に出題されたことがあるものです。例文や用法は辞書
で確認してください。

接続詞

albeit ...	「…ではあるが」（≒ although）
inasmuch as ...	「…であるから」
whereas ...	「一方で…」（≒ while）

副詞

thereby	「それによって」
thereof	「それの」
whereby	「それによって」
wherein	「どの点で」（≒ in what way）
whereupon	「その直後に」

前置詞

save (for)	「…を除いては」（≒ except (for)）

　　⇒11.2の最後の例文参照。

第6章 | 関係詞

6.1　先行詞につく that, those

　関係詞の先行詞が〈that ＋名詞〉（名詞が複数なら〈those ＋名詞〉）という形の場合，すでに話題になった名詞を指しているのではなく，後方にある関係詞の節の内容を指す場合があります。日本語に訳すときは，たいてい関係詞節から戻って訳すため，先行詞を訳す段階ではもう that [those] の指示内容が訳されてしまっていますから，この that [those] を改めて「その」と訳す必要はないわけです。

> **That** government is best *which* governs least.〔山形大〕
> （最も統治をしない政府が最良である。）

文頭にある That government の That は，関係詞 which 以下で述べられている内容を指しています。「その政府は…」と訳してはいけません。

　また，先行詞が A of B という形をしている場合，〈that A of B〉のように A の前に that が置かれることで，B ではなく A が先行詞であることがわかります。なお，訳す場合はこの of B の部分を関係詞節よりも先に訳すと読みやすい日本語になります。

We can only gain immediate information about **that** part of the world **that** directly impinges on our senses.　　　　　　　　　　　　　　〔静岡大〕

（訳）私たちが得られるのは，この世界の中で，五感にじかに作用する部分に関する直接的な情報だけだ。

上の例でも関係代名詞（2つ目の that）の先行詞が直前の the world ではなく part だということが直前の that によってはっきり示されています。

the ease with which

次の英文の **the ease with which** の意味を考えることから始めましょう。

> Many Japanese tend to envy **the ease with which** bilingual people can switch from one language to the other. （東京学芸大）

この英文を2つに分けると，以下の通りです。

> (a) Bilingual people can switch from one language to the other with *ease*.
>   注　with ease = easily
> (b) Many Japanese tend to envy the *ease*.

つまり「バイリンガルの人たちは簡単に片方の言語からもう片方の言語に切り替えることができ，その『簡単さ』を多くの日本人は羨ましく思いがちだ」と言っているわけです。ただ日本語で「『簡単さ』を羨ましく思う」という言い方はあまりしませんので，訳出する際はしばしば次のように工夫します。

① how easily SV「Sがいかに［どれほど］簡単にVするのか」のように訳す。あるいはthat SV easily「簡単にSがVすること」のように訳す。

　本問の場合も，「多くの日本人は，バイリンガルの人たちが片方の言語からもう片方の言語に<u>いとも簡単に切り替えられること</u>を羨ましがる傾向がある」のように処理できます。

②「ペラペラ（しゃべる），スラスラ（書く）」のような擬態語や，「楽々と，やすやすと」といった「容易さ」を表す重ね言葉を使って訳す。

> I was surprised at **the ease with which** he had done it.
> （彼がそれを<u>やすやすと</u>成し遂げたのには驚いた。）
> **The ease with which** the boy writes English is wonderful.
> （あの少年が英語を<u>すらすらと</u>書くのには驚く。）

　この ease の前に形容詞がつくこともあります。以下の入試問題では，relative（相対的な）という形容詞がついていますが，先ほどの例と同じように，with relative ease = relatively easily（比較的容易に）と置き換えて考えれば，意味はつかみやすいと思います。

6

関係詞

The one aspect of bilingualism most commonly noted is **the relative ease with which** a child acquires two languages simultaneously (or a second language in early childhood). （千葉大）

> （訳）バイリンガルの最もよく言われている一つの側面は，子供が同時に2つの言語（あるいは幼い頃に2つ目の言語）を比較的容易に身につけるということである。

6.3　the extent to which

　6.2で扱った the ease with which と同様，〈**the extent to which SV**〉（SがVする程度）という関係詞を含んだ定型表現があります（extentの代わりにdegree という名詞が使われる場合もあります）。まずは例文を見ておきましょう。

　The extent to which individuals can learn skills seems to be related to their motivation.（東洋大）

この文は，以下の1つ目の文のThe extentの程度を，第2文が説明していると考えることができます。

　(a) *The extent* (S) ... seems (V) to be related to their motivation.
　（その程度は動機に関係しているように思える。）
　(b) Individuals can learn skills *to that extent*.
　（個人は技能をその程度身につけることができる。）

したがって，(a) + (b) を合わせて冒頭の英文の訳を作ると，「個人が技能を身につける程度は動機に関連しているように思える」となります。ただし，extentをそのまま「程度」と訳してぎこちない場合は，the extent to whichの部分を to what extent（どの程度）に置き換えて考え「どの程度［どれほど］SがVするのか」のような訳語を使うことがあることも覚えておきましょう。上の文も，「個人がどれほど技能を身につけられるのかは動機に関連しているように思える」のように意訳できます。

　このパターンでextentの前に形容詞が入る場合があります。

A study has revealed **the surprising extent to which** we rely on modern media. (青山学院大)

> （訳）ある研究によって，私たちが驚くほど現代のメディアに頼っていることが明らかになった。

以下では，この〈the extent to which SV〉という句が強調構文で強調された形になっています。

But it is **the extent to which** the Americans push their preference which chiefly accounts for the different attitudes to politics in the two countries.

(滋賀大)

> （訳）しかし両国の政治に対する異なった考え方を特に説明しているのは，アメリカ人が自分の好みを押し通すその程度なのである。

6.4 the use が先行詞

関係代名詞の先行詞にthe useという形があった場合，たいてい以下のパターンのどちらかです。

① which 以下に put があるパターン

If we look at the languages spoken in the world today, we notice very wide differences in **the use** to which they *are put*. (明治大，慶應大，他)

> （訳）私たちが今日世界中で話されている言語に目を向ければ，それらの使われ方に非常に大きな違いがあることに気づく。

文末の部分がこの例にあたります。この英文の主節は次の2つの文が1つになったと考えることができます。

(a) We notice very wide differences in **the use**.
(b) They are put to *use*.

(a) は「私たちはその使用における非常に幅広い相違に気づく」が直訳です。

(b) は〈put ... to use〉(…を使用する)という熟語があり，put them to use（そ
れらを使用する）の受動態で「それらが使用されている」の意味です。そし
てこのuseが関係代名詞whichに変わり，直前にある前置詞toと一緒に前に
置かれ，例題の英文中にあるto which they are putという形になります。

② which 以下に make があるパターン

以下の例文を見てください。

> The effects of labor taxes on employment depend on **the use** which is
> made of the tax revenues.

この文は次の2つの文が1つになったと考えることができます。

> (a) The effects of labor taxes on employment depend on **the use**.
> （労働税の雇用への影響はその使用法次第である。）
>
> (b) The *use* is made of the tax revenues.

(b) の文は，make *use* of the tax revenues（税収入を使用する：make use of ... は
「…を使用する」という意味の熟語）というフレーズの受動態で，「税収入が使
用される」という意味です。これも先ほどと同じように意訳して，「労働税
への雇用への影響は，その税収入の使用のされ方次第である」となります。
　以下でもこの熟語の受け身の形が用いられています。

The question whether science is to be praised or blamed depends upon **the
use** that *is made of* the technique. （県立広島大）

（訳）科学が称賛されるべきか非難されるべきかという問題は，その技術の使わ
れ方次第である。

6.5　先行詞 S have had ＋過去分詞

　英文中に〈have ＋過去分詞〉や〈had ＋過去分詞〉という形があるとき，たいていは完了形ですが，have [had] と過去分詞の間に元々あった語句が抜けて他の位置に移動した可能性も忘れてはいけません。

　たとえば，「彼女は髪を切ってもらった」は第5文型（SVOC）を使って，以下のように表せます。

> She had her hair cut.
> （had (V) her hair (O) cut (C)で，cutは過去分詞）

この文を土台にして「彼女が切ってもらった髪」を関係代名詞を使っていうとどうなりますか？　her hairを関係代名詞whichにして節の先頭に出すと次のようになります。

> her hair, which she had cut

hadの後にあったher hairがなくなった結果，hadの次に過去分詞のcutが並ぶので見た目は〈had ＋過去分詞〉ですが，これは過去完了形ではありませんね。

　このことをふまえて次の文を見てください。

> She was very nice about my hair, which I **had had cut**.
> （彼女は私が切ってもらった髪の毛をとても褒めてくれた。）

I had had cutという形は一見抵抗がありますが，元の形はI had had (V) my hair (O) cut (C)です。過去完了形had hadの後にあったmy hairが関係詞になって抜けたため，補語の過去分詞cutがhadの直後にあります。これがわかれば，以下の，〈had had ＋過去分詞〉という部分が理解できると思います。

> the tooth I **had had pulled**　（私が抜いてもらった歯）
> the house he **had had built**　（彼が建ててもらった家）

　では，実際の英文中で，この形が誤読しやすい形で現れた例を一つ見ておきましょう。

Police said anyone planning to attend the exhibition should take identification with them, as well as receipts and photographs of items they **have had stolen**.　　　　　　　(BBC News, Saturday, 24 May 2008)

> 　(注)　警察が盗難品を所有者に返却できるよう展示することにしたという内容の記事の一節。
>
> 　(訳)　警察は，その展示会に来る予定の人は誰でも身分証明証とともに，自分が盗まれた品物の領収証と写真を持参するように言った。

最後の items they have had stolen の部分を，うっかり「彼らが盗んだ品」と読まないようにしてください。これが they have had < the items > stolen（彼らがその品を盗まれた）という第5文型〈have＋O＋過去分詞〉からOが抜けた形だと見破れたら立派です。

6.6　関係詞連鎖いろいろ

　まず，関係詞連鎖 (relative concatenation) の説明から始めます。次の(a)と(b)の文を関係代名詞を使ってつなぐことを考えましょう。

　　(a) I have found the man.　＋　(b) **He** can solve the problem.

(a)の文の the man と同じ人物を表す(b)の **He** は主語ですから「主格」です。そこで関係代名詞の主格 **who** に変えて，**who** can solve the problem という形にし，それを(a)の the man の後に置きます。

　　(c) I have found the man **who** can solve the problem.
　　（私はその問題が解決できる人を見つけた。）

　では，(b)の代わりに，次の(d)の文だとどうなるでしょう。

　　(a) I have found the man.　＋　(d) *I think* **he** can solve the problem.

この場合も，(d)の he を **who** に変えるところまでは手順は同じです。その後，その関係詞 **who** を節の先頭，つまり *I think* の前に移動させて，**who** *I think* can solve the problem とし，それを(a)の the man の後に置きます。

(e) I have found the man **who** *I think* can solve the problem.
（私はその問題が解決できると思う人を見つけた。）

このように，関係詞の直後に〈S+V〉に準じる形が，前後にカンマを置かずに割り込んだように見える形を「連鎖」と呼ぶことがあります。連鎖の文法問題のほとんどは，関係詞がwhoかwhomかを問う問題ですが，上の手順を遡っていくとわかるように，このwhoは元がcan solveの主語の位置にあった「主格」ですから目的格のwhomではなくてwhoでなくてはいけません。

　この連鎖を見破る手がかりの1つに，**後にthat節が続く動詞**が使われる，というのがあります。上で説明した文の成り立ちを遡って考えると，連鎖で関係詞の直後に割り込んだように見える部分は，動詞がsay, think, believe, feel, hear, know, suppose, hopeなどのように，後にthat節を置ける動詞でないとこの形になりません。またtell, inform, convinceのように後に〈目的語＋that節〉を従えて第4文型で使える動詞でも連鎖が起こりえます。

　　I asked his name, **which** *he told me* was Noah.
　　（彼の名前を尋ねたら，Noahだと彼は私に言った。）

また，関係詞の後に2組の〈S+V〉が割り込んだように見える形の連鎖もあります。

　　This is the movie **which** *I think you said* he recommended.
　　（これは彼が推薦したとあなたが言ったと私が思っている映画です。）

また動詞でなくても，後にthat節が置けるbe sureやbe afraidといった形容詞でも連鎖関係詞節を作ることができます。

> Always when I woke up, I had the feeling **which** *I am sure* must be natural to all of us, a joy in being alive. 　　　　　　　　　　　　　　（千葉大）
>
> （**訳**）いつも私が目を覚ますと，私たち皆にとって自然なものであるに違いないと確信している感覚，生きている喜びを感じたのである。

さらに，後にthat節が置ける名詞でも同じ現象が起こりえます。

Mrs. Oliver looked at herself in the glass. She gave a brief, sideways look towards the clock on the mantelpiece, **which** *she had some idea* was twenty minutes slow. (*Elephants Can Remember*, Agatha Christie)

> 訳 オリバー夫人は自分の姿を鏡で見た。彼女は炉棚の上の時計のほうを横目でちらりと見た。その時計は20分遅れている気がした。

この文は *she had some idea* (that) the clock was twenty minutes slow (彼女はその時計が20分遅れている気がした) という形がベースで，ideaという名詞の後には同格のthat節が置けますので，このように連鎖の形になりえます。

　関係詞連鎖の形では，関係詞が主格であっても，後に〈S+V〉の形が置かれていますから，省略されることがあります。例文(e)だと，

　　(f) I have found the man *I think* can solve the problem.

となります。

　例を見ておきましょう。

Before I knew it, I was standing in the bakery, looking for cake *I knew* wasn't there. (慶應大)

> 訳 気がつくと私はパン屋に立っていて，そこにないことがわかっているケーキを探していた。

looking for cakeは分詞構文で，その後の部分は *I knew* the cake wasn't there. という文のthe cakeが関係代名詞に変わって文頭に移動し，which *I knew* wasn't thereとなりその関係詞が省略された形だと考えます。

　次の例は，1文の中に連鎖が2回登場しますが，1回目は主格のthatが使われ，2回目は主格の関係詞が省略されています。

"A headache **that** *you believe* is due to a brain tumor is a lot worse than a headache *you believe* is due to tired eyes, " Barsky said. (順天堂大)

> 訳 「脳腫瘍が原因だと自分で信じている頭痛は，眼精疲労が原因だと信じている頭痛よりもはるかに悪い」とバースキーは言った。

6.7 **what S be の解釈**

〈**what S be**〉という形はbe動詞の部分が，文中で対比されている語句によって3通りの解釈が可能です。それを確認していきましょう。

① **時間の対比**

> Japan *is* not **what it *was*** thirty years ago.
> （今の日本は30年前の日本ではない。）

この文では，what it (= Japan) was のwasが主節のisと対比されていますので，時間の差を強調して「30年前の日本」とか「日本の30年前の姿」といった意味で解釈します。

② **助動詞の対比**

be動詞の部分が，助動詞的なものと対比されている場合です。たとえば，同じwhat he isでも，be動詞の位置に助動詞的なものがある形と対比されている場合は，

> what he *is*（実際の彼，現実の彼）
> ⇔ what he *seems to be*（見かけの彼，彼の外見）
> ⇔ what he *should be*（理想の彼，彼のあるべき姿）

のような意味になります。

> The problem seems to be the conflict between **what school education *is*** and **what it *ought to be***; a conflict between the reality and the ideal.
>
> （南山大短大部）
>
> 訳 問題は，学校教育の現状とあるべき姿，つまり現実と理想の対立であるように思われる。

この場合，what school education is のisがought to beと対比されています。

> school education is →学校教育は現実に…である→現状，現実
> school education ought to be →学校教育は…であるべきである→理想

③ 他の動詞との対比

A man's worth lies not in **what he *has*** but in **what he *is***.

（人間の価値はその人の持っているものにあるのではなくその人柄にある。）

この場合，what he is が what he has と対比されているので，

　　he is ... →彼はこれこれこういう人物である→彼の人柄，その人となり

　　he has ... →彼はこれこれを持っている →彼の所有物，彼の財産

のように意味をとります。

6.8　2種類の that which

〈that which ...〉という形に出会うことがあります。which は関係代名詞で that がその先行詞ですが，その that には次の2つの可能性があります。

① that が漠然と「もの・こと」の意味

　この場合は **that which = what** と考えて意味をとって差し支えありません。かなり格式ばった言い方です。16世紀に書かれたシェークスピアの『ロミオとジュリエット』の有名な一節にもこの that which が出てきます。

What's in a name? **That which** we call a rose by any other word would smell as sweet;
　　　　　　　　　　　　　　　　　　　　　　　　(*Romeo and Juliet*, Shakespeare)

（注）smell as sweet ⇒ 5.1 を参照

（訳）名前がいったい何だと言うの？　私たちがバラと呼んでいるものは，他のどんな単語で呼んでもバラと同じ甘い香りがするものよ。

　入試問題での出題例を見ておきましょう。

That which was essential in one country might be impractical in another.
　　　　　　　　　　　　　　　　　　　　　　　　　　　　　　　　　　（東工大）

（訳）ある国では欠かせない物事が，他の国では非実用的なことがある。

構文上は That (S) ... might be (V) impractical (C) で、Thatが主語ですが、that which を Whatで置き換えるとわかりやすいかもしれません。

　このthat whichのwhichの前に前置詞が置かれることがあります。以下はその例です。

> Our schools, in fact, become places for the discouragement of learning and thus produce the very opposite effect from **that at which** we aim. （岡山大）
>
> （訳） 実際には学校が学習意欲をなくす場所となり、したがって、私たちが目指すものとはまったく反対の効果を生み出している。

from that at which we aim = from that which we aim at = from what we aim atと考えます。

② **that**が前に出た名詞の反復を避ける「それ」の意味の代名詞の場合

　2つの物事を比較して「同じ」「違う」といったことを述べる文ではたいていこちらの用法です。この場合、thatが前にあるどの名詞を指しているのかを考える必要があります。

> ... the process, unlike **that which** governs many of our physical traits, goes far beyond merely matching up genes to personality traits. （学習院大）
>
> （訳） その過程は、私たちの身体的特徴の多くを決定する過程とは異なり、遺伝子を性格上の特徴とただ合わせるということをはるかに越えるのである。

that whichの直前にunlikeがあることから、that = the processだとわかります。

6.9 　whose 名詞 SV

　関係代名詞whoseは所有格ですから、必ず右隣の名詞とセットになって句を作ります。

The boys **whose** *names* were on the list were still on the team.
　　 S 　　 Ⓢ 　　　　 Ⓥ 　　　　　 V
（名前がリストに載っていた少年たちは相変わらずそのチームにいた。）

〈whose ＋名詞〉が上のように節の中で主語になっていればわかりやすいのですが，目的語になったり，補語になったりするとわかりづらくなることがあります。その場合は2文に分けて考えてみましょう。

① 〈whose ＋名詞〉 が節の中で目的語の場合

以下の文を使って説明します。

The person **whose** *gloves you found* called while you were out. (大阪産業大)

（訳） あなたが見つけた手袋の持ち主が留守中に電話をくれたよ。

(a) The person called while you were out.
（その人はあなたが外出中に電話してきた。）

(b) *You found* **his** *gloves*.
（あなたはその人の手袋を見つけた。）

(b)の **his** を所有格の関係代名詞 whose に変えて文頭に出せば，**whose** *gloves you found* となり，これを(a)にある The person の後に置けば英文が完成します。

② 〈whose ＋名詞〉 が節の中で補語の場合

We all learn quite spontaneously from our parents and relations, our friends and workmates, as well as from those **whose** *job it is* to teach us. (上智大)

（訳） 私たちはみな，私たちを教えることが仕事の人たちから（学ぶの）と同様に，両親，親戚，友人，仕事仲間からまったく自然に物事を学んでいる。

文末の whose job it is to teach us の部分がポイントで，ここでは以下のような形が土台になっています。

It (S) is (V) **their** job (C) to teach us. (私たちを教えることが彼らの仕事だ。)

この It は形式主語で to 以下を指しています。their job は is の補語で，この their を whose に変えて先頭に出すと例文の形になります。

この〈**whose ＋名詞 ＋ it is to** *do*〉という形は全体が一種の定型パターンになっています。この〈名詞〉の位置でよく使われる語に，job, duty, work, turn（順番），responsibility, task などがあります。responsibility の例を見ておきましょう。

Almost everything bought nowadays has to be broken out of its box, packet, tube, carton or tin before it can be used. Non-returnable wrappings impose serious strains on local authorities, **whose responsibility it is to** collect and dispose of our garbage.　　　　　　　　　　（小樽商科大）

（訳）今日購入されるほとんどすべての物は，使う前に，箱，袋，チューブ，パック，缶を開けて，中から取り出す必要がある。（販売店で）回収できない包装材は地方自治体に深刻な負担をかけていて，ゴミを収集して処分することはそうした自治体の責任なのである。

また〈前置詞 + whose + 名詞〉という形は，前置詞の前に節の切れ目がありますので注意が必要です。

We give little thought to the atoms of which we are made and *on* **whose** stability we fundamentally *depend*.　　　　　　　　　　（明治学院大）

（訳）私たちは，自分の身体を構成していて，その安定性に私たちが根本的に依存している原子のことを考えることはほとんどない。

on whose stability を文末の depend の後に置いて考えます。先行詞は the atoms で，whose stability は「その原子の安定性」の意味で解釈します。

6.10　文頭の関係代名詞

　関係代名詞 which の非制限用法（関係詞の前にカンマがある用法）には「前文の内容の全部又は一部を受ける」用法があります。この用法の which 以降が前の部分から切り離されて，独立した文として大文字から始まることがたまにあります。つまり次の(a)の文が(b)のように書かれることがある，ということです。

(a) It's broken, **which** means we have to replace it.

（それは壊れてしまった。つまり取り替える必要があるということだ。）

(b) It's broken. **Which** means we have to replace it.

このような場合，whichをand [but] thatという〈接続詞＋指示代名詞〉に置き換えて意味をとればいいでしょう。

(c) It's broken, *and that* means we have to replace it.

　ただ，この形はいつでも起こるわけではなく，ある程度よく使われるパターンが存在します。『ウィズダム英和辞典（第4版）』のwhichの項を引くと，「先行詞から独立して用いられるwhich ...」というコラムに次のような頻度の高い形が載っています。

> 頻度の高い型としては Which means ..., Which brings me [us] (back) to ..., Which leads (me [us]) to ..., Which reminds me ..., Speaking [Talking] of which ... などがある。

　最後のSpeaking of whichはちょっと例文がないとわかりづらいので，入試で出題された例をあげておきましょう。

> The weather has been drizzly and dreary for a whole week. **Speaking of which**, have you seen my raincoat? （上智大）
>
> 〔訳〕天気が丸一週間ずっと霧雨模様でどんよりしている。雨といえば，僕のレインコート見かけた？

　さて，関係詞が独立するこの用法で，関係詞の前にある前置詞やさらにその前の代名詞から節が始まることがありますが，読み方は基本的に変わりません。以下の例は〈代名詞＋前置詞＋関係詞〉で始まっています。

> **All of which** brings us to the ultimate question: how do children learn language? （奈良女子大）
>
> 〔訳〕こうしたことすべてによって，私たちは究極の疑問にたどり着く。子どもはどのように言語を身につけるのだろうか？

whichはこの英文の前に書かれている内容を指していますので，All of *which* ... を *And* all of *them* [*these*] ... のように解釈します。

6.11 which is why

英文中に **which is why** という表現が出てきた場合，たいていは which を次のように接続詞と指示代名詞 that に置き換えて解釈することが可能です。

which is why SV　→　*and that* is why SV「(そして) **だから** S が V する」

具体例を見てみましょう。

> Culture has a large effect on how people communicate, **which is why** it is important to understand how people of different cultures think and act.
>
> (国際教養大)
>
> **訳** 文化は人々の意思伝達の方法に大きな影響を与える。だから異なった文化を持つ人々の思考や行動の方法を理解することが重要なのである。

以下では，この形をもう少し深く研究してみましょう。

① Which is why が文頭にくるケース

which is why が，⇒6.10 で見たように，先行詞から独立して前の文として離れ，文頭で使われることもよくあります。

> Being aware that you are a girl or a boy seems to be a fundamental step in learning who you are. **Which is why** children of this age are comically sensitive to any hint of sexual ambiguity.　(大阪外国語大)
>
> **訳** 自分が女の子または男の子だと意識することは自分が何者かを知る上で重要な第一歩であるように思える。だからこの年齢の子どもたちは性別が曖昧であることを示すどんなものにもおかしいくらいに敏感に反応するのである。

この形が対話文に現れることもあります。

> Paul:　Morning, Sam, it's Paul.
>
> Sam:　Oh, hi, Paul. What's up?
>
> Paul:　Nothing to speak of. How was your weekend?
>
> Sam:　Couldn't have been better. Yesterday was so nice I took the family to the lake.

Paul: Yeah, really beautiful weather we've been having. **Which is why** I'm
calling. How about some tennis tomorrow? （早稲田大）

語句 Couldn't have been better. ⇒ 5.8

訳

ポール：おはよう，サム。ポールだけど。

サム　：やあ，ポール。どうしたの？

ポール：たいしたことじゃないんだけど。週末はどうだった？

サム　：最高だったよ。昨日はとても天気がよくて家族を湖に連れていったんだ。

ポール：うん，本当にいい天気だよね。実はそれで電話してるんだけど，明日テ
ニスでもどう？

Which is why ... は (And) that's why ... のように解釈して訳せばいいでしょ
う。

② 「だから」と解釈できないケース

which is why を「だから」と解釈すると意味がおかしくなる場合もありま
す。

Clothing with distracting pictures or writing could take students' attention
away from studying, **which is why** students are here. （センター試験）

訳 気が散る絵や文のある服は生徒の注意を勉強から逸らしてしまう可能性が
あるが，勉強することが生徒がここに来ている理由なのである。

通例，which は前文の内容を受けるのですが，この場合は「だから生徒は
ここに来ている」と考えては変です。この which は直前の studying という
1語だけを指していると考え，この which is why students are here は though
studying is the reason why students are here のような意味で解釈するほうが
よいと思います。

③ which is when [where]

which is when とか which is where という形もあります。その場合も which
を that で置き換えて解釈することができます。

It's almost one o'clock, **which is when** our presentation begins.

(聖マリアンナ医科大)

訳 もう1時近いな。プレゼンが始まる時間だ。

which is when を and that is the time when のように解釈します。

6.12 先行詞が場所以外の関係副詞 where

関係副詞 where の先行詞は place などの場所を表す語句が一般的ですが, 具体的な場所ではない名詞が先行詞になることがあります。まず1つ例を見ておきましょう。

This is the *point* **where** Tom and I do not agree. (東洋大)
(ここがトムと私の意見が合わない点です。)

この文を2つに分けて考えれば,

This is the *point*. (ここが点です。)
Tom and I do not agree *on the point*.
(トムと私はその点で意見が合いません。)

といった形になるかと思います。この point は目に見える「点」ではなく抽象的な点ですが, 日本語でも同じ使い方をするので, 難しくはないと思います。

このような関係副詞 where の先行詞として, よく使われるのは case (場合) です。

I have seen many *cases* **where** talent was not rewarded with success.

(上智大)

訳 才能が成功で報われなかったケースを私はこれまでたくさん見てきました。

このほか, situation や stage のように, 何かが行われる「場面, 機会, 状況, 条件」といった意味を持った語も先行詞になることができます。ひとつ面白い例を挙げます。

This is a *job* **where** your knowledge of English will be useful.
（これは君の英語の知識が役立つ仕事です。）

普通の文脈では job は where の先行詞にはなりませんが, この例文だとこの仕事が「英語の知識が活かせる場面, 状況」といったニュアンスを帯びるので, このような言い方が可能なのだと思います。
　では, これ以外で, 他にどんな名詞が where の先行詞になるのか出題例を見ておきましょう。

Many governments have conducted surveys on the use of time within the household, in an effort to provide reliable data. Some use a monthly *survey*, **where** they ask people to report how much time they spend doing such things as exercising or driving their kids to various places.　　　(慶應大)

（訳）多くの政府が, 信頼できるデータを提供しようと, 家庭内での時間の使用法についての調査を実施してきた。中には月次調査を使用する政府もあり, その調査の中で, 運動したり, 子供を様々な場所に車で連れて行くといったことを行うのにどれだけ時間を費やしているのかを報告するよう求めている。

関係副詞 where の先行詞は survey（調査, アンケート）ですが, 「その調査の中で…を尋ねる」という文脈を考えれば, where が使われていることはそう不思議ではないことがわかると思います。

Ping-pong is probably the only *sport* **where** you can be an absolute beginner, pick up a bat, and have fun.　　　(聖心女子大)

（訳）ピンポンはおそらく, まったくの初心者でも, ラケットを手に取って楽しめる唯一のスポーツでしょう。

where の先行詞は sport ですが, これもスポーツを「プレーする場」ととらえていると考えればいいでしょう。bat は卓球用のラケットのことです。

A is to B what [as] C is to D

〈**A is to B what C is to D**〉は「**AのBに対する関係は，CのDに対する関係に等しい**」という慣用句で，次の例文でよく知られています。

Reading is to the mind what food is to the body.

この表現は，reading（読書）がmind（精神）を豊かにしてくれるのは，ちょうどfood（食物）がbody（肉体）の栄養になるのと同じ関係だという趣旨で，「読書の精神に対する関係は，食物の肉体に対する関係と同じだ」という意味です（ちなみにこの英文は，A (S) is (V) to B (M) <u>what C is to D</u> (C) という第2文型です）。

このwhatの代わりにasが使われることもあります（英語母語話者の中でもwhatを使うのは間違いだと思っている人もいるほど一般的です）。

Only six or seven thousand years ago—a period that **is to** the history of the earth **as** less than a minute **is to** a year—civilization emerged.

（奈良女子大，大阪大）

訳 わずか6, 7千年前，つまり地球の歴史を1年としたら今から1分前にも満たない時期になって，文明が発生した。

この〈A is to B what [as] C is to D〉は以下の①，②のような例でもよく使われます。

① 単語同士の関係を類推（analogy）する問題の場合

以下のような「AとBの関係が，CとDの関係となるようDの空欄を埋めなさい」といったタイプの問題が試験で出ることがありますね。

A	B	C	D
tall	short	high	(1)
one	first	nine	(2)
arrive	arrival	likely	(3)

（ちなみに正解は，(1)はhighの反意語でlow, (2)はnineの序数でninth, (3)はlikelyの名詞形でlikelihoodです。）

アメリカのGMATやGREといったテストで，この形式と同じ内容を英文

で問う問題が次のような形で出題されることがあります（ただしwhatの代わりにasが使われることも多いようです）。

> Air is to people as water is to _____.
>
> (a) fire　(b) fish　(c) food　(d) fuel

「空気が人間に欠かせないように，水は…」と考えれば (b) fish が正解だとわかります。

② 数字の比を表す場合

　$a:b = c:d$ という比の関係は，英語で a is to b as c is to d と読みます（asの部分をequalsと読む場合もあります）。この場合，whatの代わりにasを使うのが普通です。

〈A is to B what C is to D〉には，以下のようなバリエーションが見られます。

(1) 語順が逆転することがある

〈what C is to D, A is to B〉という語順で，前半が比喩となり，後半が筆者の主張になります。

> Therefore, it is odd that the kitchen has become the heart of the modern house: **what** the great hall **was to** the medieval castle, the kitchen **is to** the 21st-century home.　(同志社大)
>
> ［訳］したがって，台所が現代の家の中心になってしまったのは奇妙なことである。中世の城にとって大広間に相当したものが，21世紀の家庭では台所なのである。

　この語順が逆転した形は，以下のように文法問題でも出題されたことがあります。

> 問　下線部のうちもっとも不適当と思われるものを①〜④のうちから1つ選びなさい。
>
> Which lotus is to India, the cherry tree is to Japan.
> 　　①　　　　②　　　　　③　　　　④　　　　　　　(杏林大)

正解は①Whichで，これをWhatに訂正します。訳は「日本にとっての桜は，インドにとっての蓮と同じ関係である」となります。

(2) be動詞の部分の時制が変化したりbe動詞以外の動詞が使われたりすることもある

Arabic *became* **to** the East **what** Latin and Greek *had been* **to** the West.

（秋田大）

> **訳** アラビア語は東洋にとって，西洋にとってのかつてのラテン語やギリシャ語のようなものになった。

(3) toの代わりにforが使われることがある

Recording became *for* music **what** writing was *for* language. It made it possible to store sound permanently, and to copy it.

（津田塾大）

> **訳** 音楽にとって録音というのは，言語にとっての記述の関係と同じようになった。録音のおかげで音を永久に保存し，複製することが可能になった。

(4) その他

同様の関係を〈A to B is like C to D〉のように like を使って表す形もあります。

Water to the body is like oil to a machine.
（水と体の関係は油と機械の関係に似ている。）

6.14　whatever＋名詞

〈whatever S is〉（Sがどうであろうと，Sが何であろうと）という形の譲歩の副詞節で，節内のbe動詞が省略されて，〈**whatever S**〉という形になることがあります。

whatever the circumstances　　　　（状況がどうであれ）
whatever the result of the election　（選挙結果がどうであれ）
whatever the weather　　　　　　　（天候がどうであろうと）

節内の主語に様々な修飾語句がついて長くなることもあります。

Whatever the pattern of eye signals that two people are using, they use them unconsciously. (拓殖大)

> (訳) 2人の人間が使っている目の合図のパターンがどんなものであろうと，それらは無意識に用いられている。

またwhateverと同じ譲歩の副詞節をまとめる働きを持つno matter whatも，同様に節内が名詞句だけになることがあります。

You can't judge anyone at birth. **No matter what** your genetic background, a negative characteristic you're born with may even turn out to be an advantage. (岡山大)

> (訳) 誰であっても生まれた段階で判断することはできない。遺伝子的背景がどうであろうと，持って生まれたマイナス面の特性が結局長所になることすらあるかもしれない。

さらにこの形からwhatが取れた〈no matter＋名詞句〉という形もありますが，こちらは⇒7.26を参照してください。

なお，no matter whatは，これだけでno matter what happens [happened]の意味の慣用表現として使われます。

I'll finish by tomorrow, **no matter what**.
（たとえ何があっても明日までには仕上げるよ。）

6.15　in which case

以下のような文でのwhichの使い方を確認しましょう。

The train might be late, **in which case** you may take a taxi.
（列車は遅れるかもしれない。その場合はタクシーを使ってよい。）

同じ内容をwhichを使わないで書けば，以下のようになります。

The train might be late, *and* **in *that* case** you may take a taxi.

この接続詞 and と前の文の内容を指す指示形容詞 that の働きを兼ね備えたのが which だと考えればいいでしょう。この〈前置詞 + which + 名詞〉という形に出会ったら，たいていは同じ要領で前に and や but（あるいは意味的に because）を補い，さらに which を that に変えて〈and [but] + 前置詞 + that + 名詞〉と置き換えて解釈すればうまくいきます。

　では in which case 以外の例を見ていきましょう。

> He wrote cheap novels about himself and an autobiography at the age of thirty-three, **by which time** he was already famous.　　　　　(弘前大)
>
> （訳）彼は 33 歳のとき，自分自身についての安っぽい小説や自伝を書き，その頃までにはすでに有名であった。

by which time = and by that time（そしてその時までには）と考えます。

　この他の同様の形も，同じ要領で置き換えて考えるといいでしょう。

at **which** point　　　　= and [but] at *that* point
during **which** time　　= and [but] during *that* time
in **which** event　　　　= and [but] in *that* event

前置詞の部分が長いものもありますが，これも同様に考えます。

> They confused their host by asking him to fix the hour, for in the Moslem world an invitation to a meal is really an invitation to come and spend time with your friends, **during the course of which time** a meal may very well appear.　　　　　(神戸大)
>
> （語句）may (very) well おそらく…だろう
>
> （訳）彼らは招待してくれる人に時間を決めてほしいと依頼して戸惑わせてしまった。というのもイスラムの世界では，食事への招待は，実際には家に来て友人たちと一緒に時間を過ごそうという誘いであり，そうしている間に食事が出る可能性が十分にあるからである。

during the course of **which** time = and during the course of *that* time と考えます。

asの直後に動詞がある〈as + V〉の形は，以下のようなケースが考えられます。

> ① asが主語で働いていて，Vがそれを受ける動詞
> 　(a) such [the same] ＋先行詞＋as + V
> 　(b) 比較構文で as ... as + V
> 　(c) 先行する文の内容を受ける as + V
> 　(d) such as + V　　　　　　　⇒6.17
> ② asの後でS+Vの倒置が起きている
> 　(e) 比較構文で as ... as + V + S　⇒5.10
> 　(f) asが接続詞で，as V + S　　⇒7.10

⇒の印のあるものは，その項で説明してありますので，以下ではそれ以外の(a)〜(c)を説明します。

(a) such [the same] ＋先行詞＋as＋V

先行詞に such や the same がついていると関係代名詞に as が使われます。以下は先行詞に the same が使われている例です。

> ... where the inhabitants have to make do with much **the same** ingredients **as** were available in later prehistory.　　　　　　　　　　　（信州大）
>
> 語句 make do with ... …で間に合わせる　ingredient 材料
>
> 訳 …，そこでは住民が後期先史時代に使われたのとほとんど同じ材料で間に合わせなければならない。

(b) 比較構文で as ... as＋V

> They removed 9 to 10 kg of fat from each patient, which is twice **as** much **as** is usually removed.　　　　　　　　　　　（日本医科大）
>
> 訳 彼らはそれぞれの患者から，通常除去される2倍の量である9〜10キロの脂肪を取り除いた。

as ... as の前に twice が置かれ「…の2倍」という倍数表現になっています。

(c) 先行する文の内容を受ける as＋V

非制限用法の, which と同じ働きをする as で, 前文の内容を受ける働きをします。

There were small groups who preserved their own language, **as** is still the case to an extent with the Amish. (島根大)

（訳）自らの言語を守る少数の集団があったが, そのことはアーミッシュ派の人々には依然としてある程度当てはまる。

この用法の場合, as のまとめる節全体がその指す内容よりも前に置かれることがよくあります。

As is often pointed out, Zen Buddhism has had a great influence on the development of these attitudes to silence in Japan. (関西大)

（訳）しばしば指摘されることであるが, 日本における沈黙に対するこうした考え方の発達には禅が大きな影響を及ぼしてきた。

文頭の As は関係代名詞で, 先行詞は主節の Zen Buddhism から文末までです。

6.17 such as＋動詞

⇒6.16 で述べたように, 先行詞に such がついていると関係代名詞に as が使われます。

Don't trust *such* people **as** praise you to your face. (東洋大)
（面と向かってあなたを褒めるような人を信頼するな。）

上記の文で, 先行詞 people の後にある as は関係代名詞 who と同じ役割をしています。

さて「リンゴ, バナナ, ブドウのような果物」を such, as を用いて表す場合, 2つの語順が可能です。

(a) **such** fruits **as** apples, bananas, and grapes

(b) fruits **such as** apples, bananas, and grapes

同様に，asが関係代名詞の場合でも，suchとasがつなげて書かれることがあります。

(c) Read **such** books **as** will be useful in later life.
（後の人生で役に立つような本を読みなさい。）

(d) Read books **such as** will be useful in later life.

例を見ていきましょう。

Good baseball, **such as** is habitually played by the professionals, is a smooth-running, impersonal affair. 　　　　　　　　　　　　　（名古屋大）

（訳） プロの選手によっていつもプレーされているような良い野球は，進行も円滑な，感情を交えないものである。

以下の例では，suchが代名詞として直前の動詞usingの目的語になっています。

... and I set out now with the notion of using only **such as** were necessary to make my meaning clear. 　　　　　　　　　　　　　　　（信州大）

（訳） …そこで私は自分の意図を明確にするのに必要な語だけを使うという考えを持って書き始めた。

6.18　than is

関係代名詞の先行詞に比較級が含まれている場合，whichの代わりにthanが使われることがあります（このthanは疑似関係代名詞と呼ばれることもあります）。

Don't give him *more* money **than** is necessary.
（彼に必要以上の金を与えるな。）

They brought *more* food **than** was ordered.
（彼らは注文したより多くの食べ物を持って来た。）

ただし，このthanを関係代名詞ではなく，接続詞で，thanの後ろにitやwhatなどが省略されていると考える専門家もいます。その根拠は，2点あります。

① thanの前に先行詞となる名詞がない場合がある。

This is far *more* possible **than** is often thought. （東北大）
（これはしばしば考えられているよりはるかに実現可能なことである。）
This problem is *more* difficult **than** is generally believed. （松山大）
（この問題は一般に信じられているより難しい。）

② thanの前にある名詞が複数形でも，thanの後にisやwasが使われる場合がある。

There were more *applicants* **than** was expected.
（予想より多くの応募者がいた。）

関係代名詞の導く節の中の動詞の単複は先行詞に一致しますから，もしthanが関係代名詞で直前の名詞applicantsが先行詞なら動詞はwereのはずですが，ここではwasが使われています。

　このように専門家の間でも意見が分かれている場合は，必要以上に品詞にこだわらず，英文を正しく理解できるようになることを優先して勉強してください。
　なお，than is ... という形でも，thanの後に〈主語 + be動詞〉の倒置が起こっている可能性もあります。その形に関しては，⇒5.10を参考にしてください。

関係代名詞の後が一見完全文

次の (a), (b) の〈自動詞＋名詞〉という形に注目してください。

(a) They **stand** *two meters* away from each other.

（彼らはお互い2メートルずつ離れて［＝2メートルの間隔をおいて］立った。）

(b) They **stood** *quite a distance* away from the tree.

（彼らはその木とかなりの距離をおいて立った。）

この stand は「立つ」の意味の自動詞で目的語がないはずですが，後ろに前置詞のない名詞が置かれています。距離や時間を表す名詞は前置詞を伴わないでも副詞的に使えることがあり，ここもその用法です。

そこで次の文を見てください。

Did you know that all human beings have a "comfort zone" regulating *the distance* **they stand from someone** when they talk?　　　（高知大，専修大，他）

（訳）あらゆる人間には，話をするときに相手と離れて立つ距離を調節する「快適ゾーン」があることを知っていましたか？

関係代名詞の導く節は，関係代名詞自身が代名詞として，主語，目的語，補語になるので，**関係代名詞の後ろには，不完全，つまり名詞が一つ欠けた文の形が来る**のが大原則ですが，この文では先行詞 distance の後ろは，（省略された関係代名詞があり）太字部分が完全な文の形に見えます。これは，(a), (b) の例文を参考に考えると，たとえば，They stand *a certain distance* from someone ...（彼らは人からある距離を置いて立つ）のような文の *a certain distance* が，（文中では副詞的に働いているのに）関係代名詞に置き換えられ，文頭に出て省略されたと考えられます。もちろん文法的に説明できなくても「人と離れて立つ距離」という意味であることは見当がつきますが，面白い形なので紹介しました。

同様の現象は，先行詞が time(s)（回数）の場合にも起こります。time(s) も，前置詞なしで副詞句になることから，上の distance と同じように説明できます。

the number of **times** it was counted（それが数えられた回数）

the number of **times** disks can be rewritten

（ディスクへの書き込み可能回数）

第7章 | 節・接続詞

7.1 A yet [though] B

　まず，等位接続詞のbutが2つの形容詞A,Bを並べて名詞にかかる〈A but B 名詞〉という例から見ていきましょう。

One of us happened to mention that our university department had just acquired its own small **but** nonetheless very expensive computer.

（東京理科大）

> **訳** 私たちの1人が，うちの大学の学部で，学部専用の小型だがそれにもかかわらず非常に高価なコンピュータを入手したということをたまたま口にした。

---

acquiredの目的語は文末のcomputerで，それに挟まれた部分は，acquired (V) its own *small* **but** *nonetheless very expensive* computer (O) と，等位接続詞のbutが2つのイタリックの部分の修飾語句を結んで，下線部が一つの大きな形容詞句として，computerにかかっています。このように名詞を修飾する形容詞に相当する部分に接続詞があるときは，意味の切れ目に注意が必要です。

　このbutの代わりにyetが使われることがあります。

But *the most attractive* **yet** *dangerous* aspect of the credit system is that you can buy things even if, at the moment, you haven't the money.

（桜美林短期大）

> **訳** しかしクレジット制度の最も魅力的だが危険な点は，その時にお金を持っていない場合でも物が買えてしまうということである。

主語aspectの前にある the most attractive と dangerous という2つの形容詞句をyetが結んでいます。

　また普段は従属接続詞として使われるthoughも，2つの形容詞の間に入って等位接続詞のように働くことがあります。〈A though B〉の場合は「Bだけれども A」のように，前にあるAのほうに重点が置かれるのが普通です。

　　　a *common* **though** *mistaken* belief（誤ってはいるがよくある考え）

　ただし実際の英語では，〈A though B〉が，逆接を表すbutやyetの使い方と混同されて，後にあるBのほうに力点が置かれ，「AだけれどもB」のよ

うに前から訳したほうがよい場合もあり，どちらの読み方で読むかは文脈を
よく考える必要があります。

I myself have always found astrology a *fascinating* **though** *rather silly*
idea. Somehow I can't believe that pieces of rock flying around in space
should decide whether I'm intelligent or stupid, friendly or unfriendly,
generous or selfish.
(福岡女子大)

> 訳 私自身は，占星術を魅力的ではあるがかなりばかげている発想だといつ
> も思ってきた。なんとなく，宇宙を飛ぶ岩のかたまりが，自分が知的だとか愚
> かだとか，友好的か非友好的か，寛大か自分勝手か，を決めるとは信じられな
> いのである。

筆者は占星術に懐疑的ですので，thoughの後にあるsillyのほうに重点が置か
れるよう前から訳したほうがよさそうです。

　最後に〈A instead of B〉（Bの代わりにA）という形が名詞にかかる珍しい
例です。

Meeting new people and visiting new places become *pleasurable* **instead
of** *frightening* experiences.
(東洋大)

> 訳 新しい人に会ったり新しい場所を訪れたりすることが，怖いのではなく
> 楽しい経験になる。

7.2　must ... or ～

　命令文の後に，orを置くと「(…しろ)，さもないと～」といった意味あい
になることは比較的早い時期に習う文法事項です。

　Hurry up, **or** you'll be late. （急ぎなさい，<u>そうしないと</u>遅れますよ。）
　Don't move, **or** I'll shoot. （動くな。<u>さもないと</u>撃つぞ。）

　このorは，前に命令文と同等の意味を持つ文，たとえば「…しなければ
ならない」という意味の助動詞（must, should, had better）あるいは「…する
必要がある」という動詞（requireなど）が前にあっても，「さもないと」と
いう意味になることがあります。

We *should* leave immediately, **or** else we'll miss the flight. （西南学院大）

> （訳）すぐに出発したほうがいい。そうしないと飛行機に乗り遅れる。

Under Japan's complex burial customs, descendants *must* provide maintenance for burial sites **or** lose them. （北九州市立大）

> （訳）日本の複雑な埋葬の慣習のもとでは，子孫が埋葬地の管理をしなければならず，そうしないとその土地を失ってしまうのである。

You *are required* to complete the online training course, **or** you can't begin your new job.

> （訳）オンライン研修コースを修了する必要がある。そうしないと新しい仕事を始めることはできない。

7.3 接続詞 only

onlyには接続詞用法があり，〈**SV only SV**〉のように使うことができます。ここでは例文でその用法を確認しておきましょう。

① 「しかし（残念ながら）」

『カレッジ英英辞典』は このonlyを but (unfortunately) と説明しています。何かが不可能である理由を言い添える場合に主に使います。

I would do it with pleasure, **only** I am too busy.
（喜んでやりたいんだけど，ただあいにくちょっと忙しくてね。）

② 「ただ…という点を除いて」

exceptの意味で，only thatとなることもあります。

Her car is like mine, **only** it has four doors.
（彼女の車は僕のに似ているけど，ただフォードアという点だけは違うな。）

7.4 　The fact is, SV

〈The 名詞 is that SV ～ .〉というパターンの慣用表現の中には，that節内の〈SV ～〉の部分が話の中心で，その手前の〈The 名詞 is that〉の部分がその前置きのように軽く感じられるものが多くあります。このような文では前半部分を以下のように軽く副詞的に訳したほうが原文のニュアンスに近くなります。

The fact is that ...	「実は…だ」
The point is that ...	「要するに…だ」
The problem is that ...	「問題は…だ」
The trouble is that ...	「困ったことに…だ」
The truth is that ...	「実を言うと…だ」

　そして，that節の前までの部分が軽い前置きのように感じられることから，thatが省略されることがあります。

The fact is I am not mechanically minded and the typewriter is a machine.

(青山学院大)

（訳）実は，私は機械が苦手で，タイプライターは（私から見れば）1台の機械なのです。

　そして，thatが省略され，その位置にカンマが打たれることがあります。こうなると，The fact [trouble, etc.] is 全体を副詞句のようにとらえて読むほうがいいでしょう。

The truth is, being successful is hard. 　　　　　　　　　(亜細亜大)

（訳）実際のところ，成功するのは難しいことなのである。

7.5 前置詞＋疑問詞で始まる名詞節

　以前，ハワイ旅行に行った友人が，私の英語好きを知ってか，お土産に英語のクイズの本を買ってきてくれたことがありました。クイズ本というのは疑問文の宝庫で，読んでみると，以下のように文頭が疑問詞で始まらない興味深い文がたくさんありました。

(a) **During whose reign** was Magna Carta sealed?
（誰の統治の間にマグナカルタが署名されたのでしょう。）

(b) **Within which other capital city** is Vatican City?
（他のどの首都の中にバチカンはあるのでしょう。）

(c) **By what nickname** is a Boeing 747 generally known?
（ボーイング747型機はどんな愛称で一般的に知られているでしょう。）

このように文頭が〈前置詞＋疑問詞〉で始まっている形は，文の読み始めに疑問詞が目に入るので読むのに苦労しません。

　しかし，疑問詞が文頭から少し離れた位置にくると，構文をとるのがやや難しくなります。

(d) **On the edge of which desert** is the city of Timbuctoo?
（どの砂漠の端にティンブクトゥはありますか。）

(e) **At the end of what famous road in London** is Buckingham Palace?
（ロンドンの何という有名な道路の突き当たりにバッキンガム宮殿はありますか。）

　こうした文は，太字にした部分が全体で1つの疑問詞になっているようなものですから，これを間接疑問文にした場合，名詞節がそこから始まることになります。たとえば(e)の文の前にI don't knowをつけると，理論上は以下のようになります。

(f) I don't know **at the end of what famous road in London** Buckingham Palace is.

　実際の文ではこのように太字になっているわけではありませんから，節の開始位置の判断が難しいケースが出てきます。

> ... but it is not known **to what extent** pictures had been used in prehistoric times as a means of giving information or commands. (山形大)
>
> 訳 しかし先史時代に絵が情報や命令を伝える手段としてどの程度用いられていたのかはわかっていない。

この文では冒頭の形式主語のitがto what extent（どの程度まで）という副詞句で始まる名詞節を指していますが，be knownという受け身の後にはしばしばtoという前置詞が続くので，whatからが名詞節だと勘違いする人が出てくるかもしれません。

> ... it is surprising to discover **at what an early age** children start expressing preferences for particular kinds of books. (田中千代学園短期大)
>
> 訳 子どもたちが特定の種類の書物への好みをいかに早い時期に表し始めるのかを知ることは驚きである。

これもdiscoverの目的語となる名詞節はatからなのですが，テストに出すと〔an early age children〕の部分を1つのカタマリにとらえて読む人が結構いました。冠詞anの後にchildrenという複数形があることを疑問に思わないのでしょうか……。

7.6　名詞 as SVO

まず，次の(a), (b)を比べてみましょう。

(a) the building which we saw from our hotel window

(b) the building as we saw it

(a) は「ホテルの窓から私たちが見た（特定の一つの）ビル」の意味です。whichは関係代名詞なので，後ろが不完全（sawの目的語がない）です。(b) のasは，後ろにwe (S) saw (V) it (O) という完全な形がありますから，接続詞です（itは前にあるthe buildingを指しています）。さて，この (b) はどんな意味なのでしょうか？

この〈**名詞 as SVO**〉という形は，「この名詞の**様々な見方，捉え方のうちの一つ**」を表しています。上の例で言うと，the buildingは世界に1つし

か存在しませんが，同じビルでも「地上から見たビル，飛行機の窓から見たビル，遠くから見たビル，…」と目に映る様々な姿があり，その諸相の中で「私たちの目に映ったそのビルの姿」を表す言い方です。訳すとしたら「私たちの目に映ったそのビルの姿」「私たちが見たようなビル」といった感じになります。asが接続詞なので，as SVOの部分は分類上は副詞節ということになるのでしょうが，直前の名詞を限定するように訳すのが一般的です。

　また，この〈as SVO〉のVで使われる動詞は，「知覚・経験」を表す動詞が主に使われます。参考書などでの例文ではknowという動詞が多いのですが，それ以外に，see, hear, understand, experienceなどの動詞も使われます。

My mother's language **as I hear it** is vivid and direct, full of observation and imagery.
(青山学院大)

訳　私の耳に入ってくる母の言葉は，生き生きとして率直で，観察力とイメージにあふれている。

Our knowledge of the world **as we experience it in everyday life** establishes our common sense.
(千葉大)

訳　私たちが日常生活で経験するような世界の知識が，私たちの常識を作り上げている。

　また，asの前にカンマが打たれてこの〈as SVO〉の部分が挿入のような形に見えることもありますが，基本的な意味は変わりません。

"Culture," **as we understand it**, is synonymous with the "ways of a people."
(お茶の水女子大)

訳　私たちが理解しているような「文化」は，「ある民族の行動様式」と同義である。

7.7　much as SV

　much as SV という副詞節の表す意味には，次の2つの可能性があります。①although SV (very much)，つまり「Sが（非常に）Vするけれども」という意味を表す場合と，②「SがVするのとほぼ同じように」という意味を表す場合です。ここでは，これを1つずつ見ていきましょう。

① much as SV「Sが（非常に）Vするけれども」の場合

Much as I tried, I could not recall her features. 　　　　　（明治大）

（訳）がんばってみたが，彼女の顔立ちが思い出せなかった。

　この much as の前にさらにもう1つ as が置かれて，**as much as SV** という形になることもあります。

But that was the only path to success for me, and **as much as I hated it**— for it was a terribly lonely path—there was always that goal ahead: the goal I had set *by* myself, *for* myself. 　　　　　（立教大）

（訳）しかし，それが私にとって成功への唯一の道であった。そして，嫌ではあったけれども，というのもそれがひどく孤独な道であったからだが，常にその目標，つまり私が自分で自分のために設定した目標が目の前にあったのだ。

② much as SV「SがVするのとほぼ同じように」の場合

　これは接続詞 as（…ように）の前に「ほとんど，だいたい」の意味の much が置かれた形です。much as ... の部分が主節の内容の例になっているはずですから，①と区別するのは比較的簡単です。

Exercise, however, seems to slow or reverse the brain's physical decay, **much as** it does with muscles. 　　　　　（立教大）

（訳）しかし運動は，筋肉の場合とほぼ同じように，脳の身体的衰弱を遅くしたり逆行させたりするように思える。

接続詞asが，〈**As** Ⓢⓥ**, SV ～**〉という形で使われたとき，主節の最初に訳出しないsoという語が添えられることがあります。意味はsoがない場合と変わりません。どちらの意味になるのかは文脈から判断します。

As Ⓢⓥ**..., so SV ～**　　[1]　Ⓢがⓥ…するように，（同様に）SがVする。

　　　　　　　　　　　　　　　[2]　Ⓢがⓥ…するにつれて［応じて］，SがVする。

このasの前に「ちょうど」の意味のjustが添えられることもあります。

Just as the lumber industry depends upon trees for its existence, **so** the healthcare industry depends upon illness.　　　　　　　　　　（埼玉大）

[訳] 木材産業が存在するために樹木に依存しているのとまったく同じように，医療産業は病気に依存している。

このsoの後のSVが倒置を起こす場合もあります。

As women's roles change, **so** does their shopping behavior.　　　　（金沢大）

[訳] 女性の役割が変わるにつれて，購買行動も変わる。

Just as kittens and puppies learn about how to live through play, **so do** children.　　　　　　　　　　　　　　　　　　　　　　（センター試験）

[訳] 子猫や子犬が遊びを通して生き方について学ぶのとちょうど同じように，子供たちもまたそうである。

---

soの後に「…も」の意味のtooが置かれる形もあります。

Just as your visual system takes in a scene and, without any effort on your part, tells you what is in the environment, **so too** your memory system immediately and effortlessly recognizes that you've heard the problem before and provides the answer.　　　　　　　　　　　　　　　（福岡教育大）

[訳] 視覚系がある場面を理解し，皆さんの側では何の努力もせずに，その周囲の状況に何があるのかを伝えてくれるのとまったく同じように，皆さんの記憶系も，その問題を以前に聞いたことがあることを瞬時に苦労なく認識し，答えを提供してくれるのだ。

以下の例は，一つ目の as ⓢⓥ の部分が，in the same way that ⓢⓥ という形に変わったものですが，意味は同じです。

In the same way that the green traffic light in the street gives us the signal to go, **so** the builders are waiting for the boss to tell them to begin work.

(神戸商科大)

> 訳 通りにある青信号が「進め」の合図を私たちにするのと同じように，建築業者は上司が自分たちに仕事を始めるよう指示するのを待っているのである。

7.9 as＋形容詞＋as SV

接続詞の as を使って「…けれども」を表す形があります。

Though he is young, he has a strong sense of responsibility.
（彼は若いけれども責任感が強い。）

= *Young as he is*, he has ...

この形の前にさらに as が置かれた形が一部のアメリカ英語で見られます。

= *As young as he is*, he has ...

英語の歴史的には本当はこちらのほうが古い形で，この1つ目の as が省略されて young as he is という形になったのですが，そのあたりの経緯はさておき，この 〈as ... as〉 で譲歩を表す形は頻繁に目にしますので，慣れておくことが必要です。

〈as ... as〉 の間に挟まるのは形容詞1語とは限りません。

As fond of children as we were, Bill and I shared enough of these prejudices.　　　　　　　　　　　　　　　　　(関西外国語大短大部)

> 訳 子どもが好きではあったが，ビルと私はこうした偏見を十分に共有していた。

冒頭の部分を，Although we were fond of children のように解釈します。

接続詞の as には〈**as S+V**〉（S が V するように）という様態を表す用法がありますが，この〈S+V〉の部分が倒置されることがあります。ただし倒置されるのは，V が be 動詞，代動詞の do，助動詞の場合です。

California relies heavily on income from fruit crops, **as** *does* Florida.

（立命館大）

as does Florida は as Florida does (= relies heavily on income from fruit crops) の意味です。意味は「カリフォルニアはフロリダ同様にフルーツの収穫から得る収入への依存度が大きい」となります。

as の前に「ちょうど」の意味の just がついた形でもこの倒置が起きます。

Did their languages not inhabit the islands first, and was English not an invader in their midst, **just as were**, initially, the Angles and Saxons who migrated there (or also invaded)?　　　　　（国際教養大）

〔訳〕彼らの言語は最初にその諸島に存在していなかったのであろうか。英語は，そこに移住した（あるいは侵略もした）アングル人とサクソン人が最初のうちはそうであったのとちょうど同じようにその中に侵略したものだったのではなかったのだろうか。

just の後は the Angles and Saxons who migrated there が主語，were が動詞で，その後に invaders を補って考えます。

次の文の if はどう解釈したらよいでしょうか？

(a) I won't forgive you **if** you do it again.

(b) I won't forgive you **if** you apologize.

(a) の if は普通に「もし…なら」の意味で読んで「もし君がまたそれをしたら許さない」ですが，(b) の if を同じように「もし…なら」の意味で読むと「もし君が謝ったら許さない」とおかしな意味になります。

この文を理解するためには，**if は前に even を補って**〈**even if SV**〉「たと

え仮にSがVしようと」の意味で解釈することがあるという知識が必要です。
(b) は「たとえ君が謝っても許さない」という意味で解釈すると意味が通ります。

　さて，英語では，仮定法が使われている if 節の if が省略されて，その後が倒置の形になることがあります。その場合でも，まれに if = even if の意味になるものがあります。

　　　Were the world to come to an end, we would still carry on the plan.

（名古屋外国語大）

出だしの Were the world to come to an end は〈**if S were to ...**〉（⇒1.6）の形（の倒置）ですが，「仮にこの世の中が終わることがあるとすれば」と読むと，後半の「私たちはそれでもその計画を続けるだろう」とつながらなくなります。隠れた if を even if の意味で「仮にこの世の中が終わることがあるとしても」と読むべきでしょう。なお，〈Had + S + 過去分詞〉の形でも even if の意味になることがあります（⇒11.10 ②の英文）。

　また，以下の問題では助動詞が前に出た形が問われています。

> ... I don't think the wobbles would be enough (<u>could we feel them</u>) to make someone dizzy.
>
> 問　下線部を言い換える時，次の中から最も適切なものを一つ選び，その番号をマークしなさい。
>
> 　① even if we could feel them　　② as we could feel them
> 　③ as soon as we could feel them　④ so that we could feel them
>
> （東洋大）
>
> 　**注**　the wobbles はここでは「（地球が自転しているときの）揺れ」

正解は①です。下線部は助動詞 could が前に出た珍しい倒置の形で，元の形に戻せば if we could feel them となりますが，「その揺れは人がめまいを感じるほど大きいとは思わない」という文の中に挿入されていますので「たとえ感じるとしても」という譲歩の意味で解釈すると文脈に合います。

　なお，if を even if の意味で解釈すること自体は必要な知識ですが，英語を書いたり話したりするときは，曖昧なのできちんと even if を使うことをお勧めします。

7

節・接続詞

A if not B には，(a)「A，いやひょっとしたらB」と，(b)「Bとまではいかなくても［Bではないにしても］A」という2つの意味があります。

> It will be *dangerous*, **if not** *impossible*, to climb that mountain.
> (a) あの山に登るのは，危険，いやひょっとしたら不可能だろう。
> (b) あの山に登るのは，不可能とまでは言わないまでも危険だろう。

(a), (b) どちらの意味になるのかは，ある程度前後の文脈で判断せざるをえません。

このA if not B全体が名詞を修飾することもあります。

> My brother loves baseball. He's an enthusiastic, **if not** a gifted, player.
>
> （センター試験）

{ an enthusiastic, if not a gifted,} 全体が player を修飾し「彼は才能があるとまでは言わないまでも熱心な選手だ」の意味となります。

A, Bの位置に前置詞を伴った句が置かれる場合もあります。

> What is commonly called "self-knowledge" is therefore a very limited knowledge of what goes on in the mind, and it is *dependent on*, **if not** *determined by*, social factors. （慶應大）
>
> 訳 したがって「自己認識」と一般的に呼ばれているものは，精神の中で起こることについての非常に限られた知識であり，社会的要因によって決定づけられているとまでは言わないまでもそれに左右されている。

このフレーズの発展形として，**if not B, at least A** というのがあります。「Bとまではいかなくとも，少なくともA」という意味です。

> For Saint Augustine, my silent activity would have been, **if not** incomprehensible, **at the very least** surprising. （首都大）
>
> 訳 仮に聖アウグスティヌスが，声を出さない私のこの活動を見たら，理解不能とまではいかなくとも，少なくとも驚きであっただろう。

以下の例ではif notの前にat leastがありますが，これは文脈からif notは上の(a)「いやひょっとしたら」のほうで読むのが適切です。

Though some much needed rain fell on the Midwest toward the end of July, forecasters are predicting that the drought will last until **at least** October, **if not** longer. (国際教養大)

（語句）much(-)needed [形] 非常に必要とされている

（訳）7月末に中西部に非常に望まれた雨が少し降ったが，気象予報士はこの干ばつは少なくとも10月まで，ひょっとしたらそれ以降も続くと予測している。

　なお，if notは単独で使われた場合，以下のように「もしそうでなければ」という意味を表すことがあります。

I hope Anna passed her exams. **If not**, she'll have to repeat her senior year. (関西学院大)

（訳）アンナが試験に受かっていればいいな。そうでないと4年生をもう1回しなければならなくなる。

If not = If she did not pass her exam という意味です。

7.13　**It is not that SV but that SV**

　次のような表現があります。

It is not that SV, but it is simply [just] that SV.
（それはSVだからというわけではなく，単にSVだからである。）

この表現は，「SVということではなく（単に）SVということである」が直訳ですが，しばしば直前に述べたことの根拠を言い添えるときに使い，thatをbecauseのような意味で解釈するのがポイントです。後半のsimply [just] の部分は何もなくit is that SV となることもありますし，rather（むしろ）のような語句が置かれることもあります。

　例を見ておきましょう。

Probably in a modern city the man who can distinguish between a thrush's and a blackbird's song is the exception. **It is not that** we have not seen the birds. **It is simply that** we have not noticed them. (愛媛大)

（語句）thrush ツグミ　blackbird クロウタドリ

（訳）おそらく現代の都市では，ツグミとクロウタドリの鳴き声を区別できる人は例外的存在だろう。それは私たちがそうした鳥を見たことがないからではない。単にそれらに気づいたことがないからだ。

　このフレーズは，文頭の It is が省略されて形が単純化されてしまうことがよくあります。今度はその例を見ておきましょう。

That is what makes watching television such an inferior form of leisure — **not that** it's passive, **but that** it offers so little opportunity for reflection. (新潟大)

（訳）それがテレビの視聴をそうした劣った余暇の形態にしているのである。テレビの視聴が受動的だからではなく，物を考える機会をほとんど与えないからだ。

　ちなみに文頭に Not that があるからと言っていつも上のようなパターンだとは限りません。以下のような慣用句も出題されますので覚えておきましょう。

Andy: Have you ever seen a ghost or had some kind of experience like that?

Kate: **Not that I can recall**. (名古屋大)

（訳）

アンディー：幽霊を見たとか，そういった類いの体験をしたことある？

ケイト：覚えている限りでは，ないよ。

類似表現に **Not that I know of**.（私の知る限りでは，ない）があります。

130

〈S+V〉にmayの意味を添えたい場合に，〈S may V〉のように動詞の前にmayを置く形のほか，〈**It may be that SV**〉のような形があります。

It may be that people with strong social ties also have better access to health services and care. （学習院大）

> （訳）強い社会的なつながりを持った人々のほうが公共医療や介護にもアクセスしやすいかもしれない。

この形では，may以外の助動詞も使われます。

It used to be that SV 「かつてはSVだった」
It must be that SV 「SVに違いない」
It may well be that SV 「たぶんSVだろう」
It could be that SV 「ひょっとするとSVかもしれない」

では，具体例を見ておきましょう。

There have been occasions when English primary schools have been criticized by parents for letting children play rather than making them work. **It might have been that** this was not the real reason for parental criticism, and that something quite specific was the source of their disquiet. （お茶の水女子大）

> （訳）イングランドの小学校は子供を勉強させるのではなく遊ばせていると生徒の親から批判されたことがこれまである。これは親の批判の本当の理由ではなく，何か非常に具体的なことが親の心配の原因だったのかもしれない。

It could be that a dream that keeps reappearing is trying to tell you something. （慶應大）

> （訳）何回も出てくる夢はひょっとしたらあなたに何かを伝えようとしているのかもしれない。

It happens that SV という形には 2 通りの意味があります。

① 「たまたまSVする」

この場合の happen は happen to ...（たまたま…する）の意味で，それが that 節の外側に追加されていると考えればいいでしょう。It (just) so happens that SV のように just や so が使われることもあります。

> When Ayano came to my house, **it happened that** nobody was at home.
>
> （センター試験）
>
> 訳 あやのが私の家に来たとき，家にはたまたま誰もいなかった。

主節は nobody happened to be at home とほぼ同義ということになります。

② 「SVということが起こる」

この場合の happen は「起こる」の意味です。

> **It often happens that** people start discriminating against immigrant students because of insufficient language skills. （慶應大）
>
> 訳 移民の学生を，語学力が不十分であるという理由で人々が差別し始めるのはよくあることだ。

7.16 強調要素 it is that ...

文の中にある名詞や副詞要素を，〈it is ... that〉の〈...〉の位置に置くことによって目立たせる形は一般に「**強調構文**」と言われています（「分裂文」とも呼ばれます）。この〈...〉の部分が文頭に置かれた強調構文があります。

次の例に見る，Then it was that ... は，then（そのとき）という副詞が強調された it was *then* that ... という形が元になっていますから「まさにそのときだった。…なのは」と，話が急展開したときに使います。

Then **it was that** they began to rise up everywhere in protest against their hard lives, and this was to lead in turn to their fight for full freedom ...

(日大)

〔注〕 アメリカ開拓初期の女性は、あらゆるものを自らの手で作らなければならなかったが、当初はそのことを不満に思っていなかった。しかし工場で作られた布地が入ってきて、その考えが変わった、という文脈での文章。

〔語句〕 in turn ⇒ 12.5 参照

〔訳〕 彼女らが、自分たちの大変な暮らしに対して反抗して至るところで立ち上がり始めたのはまさにそのときだったのだ。そしてこのことが今度は完全な自由を求めての戦いへとつながることとなった。

He **it was who** had secured for the boy the position on the Winesburg Eagle.

(法政大)

〔訳〕 『ワインズバーグ・イーグル』紙での仕事をその少年に確保したのもまさしく彼であった。

It was he who ... という強調構文のheが文頭に置かれています（Heは少年の父親を指しています）。原典にあたると、この英文が含まれる段落は Tom Willard was ambitious for his son. (Tom Willardは息子に期待をかけていた) から始まって、He has ... he swaggered ... He wanted ... he was advising ... he said ... とほぼすべての文がHeで始まっています。これは私の職場の同僚の仮説ですが、おそらく筆者は段落内で主語をすべてheに揃えてこの父親が行動の中心人物であることを強調したかったのではないかと思われます。

7.17 Just because SV doesn't mean

because節の前にonlyの意味を表すjustが添えられて「…というだけの理由で」という意味を表す表現があります。

Just because newspapers sometimes contain mistakes, **it doesn't mean** that they are not worth reading.

(立命館大)

（新聞にときどき誤りがあるからというだけの理由で、読む価値がないということにはならない。）

この主節のit が省かれて,

Just because SV doesn't (always) mean ...
「SVだからというだけの理由で（いつも）…ということにはならない」

となる形が非常に頻繁に見られます。

例を見てみましょう。

Just because she is good at mathematics **does not mean** that she is logical.

（訳）数学が得意だからというだけの理由で，彼女が論理的だということにはならない。

なお，後半のdoesn't mean ... の部分には別の動詞が使われることもあります。

Just because someone has said that such and such is true **does not make** it so, and **does not lend** strength to the hypothesis. （東京理科大）

（語句）such and such これこれ（⇒ Appendix）　make it so = make it true
lend strength to ... …に力を与える

（訳）誰かがこれこれは本当だと言ったからといって，それが本当になったり，その仮説の信憑性が高まったりするわけではない。

7.18　provided

providedという語は，動詞provideの過去形，過去分詞形のほかに，次の接続詞の用法も頻繁に出てきますので，知っておく必要があります。

provided (that) SV「SがVするという条件で」

例文を見ておきましょう。

I'll be allowed to leave the hospital within a couple of days, **provided** my condition continues to be stable. （関西学院大）

（訳）私は，体調が安定し続ければ，数日以内に退院許可がおりるだろう。

なお以下の文では，providedがassistanceにかかる過去分詞だと誤解すると，文の前半と後半をつなぐ接続詞がないのでおかしいと気づくことが重要です。

> In Switzerland assisted suicide — but not euthanasia —has been legal since 1941, **provided** assistance is given for altruistic motives.　　　(昭和大)
>
> (語句) euthanasia 安楽死　altruistic 利他主義の
>
> (訳) スイスでは，安楽死ではなく自殺幇助が，援助が利他的な動機で行われるという条件で，1941年から合法化されている。

　この〈provided (that) SV〉と同じ意味で〈providing (that) SV〉という接続詞もあります。いずれの場合もprovideの分詞形だと勘違いしないように注意しましょう。

7.19　前から訳し下せないso ... that ～

　〈so ... that ～〉構文は，一般に前から「とても…なので～」と訳し下すのが一般的ですが，後ろから「～ほど…」と訳す場合もあります。

　　She talked **so** fast **that** we couldn't follow her.
　　① 彼女はとても早く話したので私たちは理解できなかった。[結果]
　　② 彼女は私たちが理解できないほど早口で話した。[程度]

　①は結果「理解できなかった」のほうに話の重点があり，②の場合は「早口で話した」のほうに話の重点があると考えられますが，どちらの意味なのかは文脈によります。
　さて，この〈so ... that ～〉構文で，前から訳し下せないパターンが存在します。ここではそれを見ておきましょう。

① soの後が動詞の場合

　　I've **so** *arranged* my trip **that** I'll be home on Friday evening.
　　（私は金曜の夕方に帰宅できるよう自分の旅行計画を立てた。）

このsoは「そのように」の意味で，「私はそのように自分の旅行計画を立てた」の「そのように」の内容がthat節内で説明されています。この場合，soを「とても」と処理して前から訳し下すことはできません。

② soの後が受け身の過去分詞の場合

The building is **so** *constructed* **that** it will withstand a major earthquake.
(そのビルは大地震に耐えられるように造られている。)

「そのように造られている」の「そのように」の具体的な内容がthat以下に書かれています。

③ soを含む主節に否定語がある場合

I am *not* **so** busy **that** I don't have time to think.

これを前から訳すと「私はとても忙しくないので，物を考える時間がない」（?）という矛盾した内容の文になってしまいます。このsoは「それほど」の意味で，

I am *not* **so** busy 「私はそれほど忙しくない」
(→「それほど」って「どれほど」? →「that以下に書いてあるほど」)
that I don't have time to think 「物を考える時間がないほど」

と意味をつかみ，that以下の内容をsoの位置に入れて読めばいいのです。全体は「私は物を考える時間がないほど忙しくはない」（忙しくても物を考えるくらいの時間はある）という意味になります。

このように主節に否定を含む〈so ... that ～〉構文は，後ろから戻って訳さないと最初にあげたような矛盾した意味になってしまいます。主語に否定が含まれている次のような文も同じです。

No one is **so** powerful **that** they can stop the march of time.

「誰もそれほど力はない，それほど力のある人はいない」（→「それほど」とは？ →「時の流れを止められるほど」）つまり「時の流れを止められるほど力のある人はいない」の意味になります。

次の英文はthat節内にif節があるので訳す順序に気をつけましょう。

No man is **so** wise **that** he may not easily err if he takes no other counsel but his own.　　　　　　　　　　　　　　　　　　　　　　　　　　　　　　（上智大）

（語句）err 間違いを犯す　counsel 助言，忠告　but = except　his own= his own counsel

（訳）人は，自分以外の人間に助言を求めなくても簡単に誤りを犯さないほどは賢くはない。

7.20　So VS that

いわゆる〈so ... that 〜〉構文で，soが修飾している形容詞や副詞とともに文頭に置かれた場合，SVが疑問文の語順と同じ形の倒置を起こします。

<u>He</u> <u>was</u> **so** *productive* **that** in six years he patented over 120 inventions.
　S　　V　　　　C

　　　　　　↓

So *productive* <u>was</u> <u>he</u> **that** in six years he patented over 120 inventions.
　　　　C　　　　　V　　S　　　　　　　　　　　　　　　　　　　　　（龍谷大）
（彼は非常に生産的で，6年間で120個以上の発明品の特許を取った。）

倒置を起こした結果，文頭の so と that の距離が離れることがありますが，英語で文頭が〈So + 形容詞［副詞］〉で始まる形は他にはあまりないので，文頭を見たときにこの形ではないかと予測を立て，見破れるようにしておきましょう。

In fact, **so** great *was* Edison's desire to invent things that would make life easier and better **that** he neglected to exploit many of his inventions because he didn't believe they would be of use to people, or that people would want them.　　　　　　　　　　　　　　　　　　　　　　　　　　　（神戸大）

（語句）of use = useful（⇒ 11.9）

（訳）実は，暮らしをより楽で良いものにする物を発明したいという願望が強すぎたために，エジソンは自分の発明品の多くを利用しなかった。それらは人々にとって役立たないし，人々もそれらを求めないだろうと思っていたからだ。

また，be動詞の部分が次のように完了形になる場合もあります。

So successful *has been* the camera's role in beautifying the world **that** photographs, rather than the world, have become the standard of the beautiful. （横浜市立大）

（語句）the beautiful は〈the ＋形容詞〉の形で beauty（美）の意味。

（訳）世界を美しく見せることにおいて，カメラの役割は非常に成功したので，現実の世の中ではなく写真のほうが美の標準になった。

この倒置は疑問文と同じ形の倒置ですから，動詞が一般動詞の場合は〈do [does, did] ＋主語＋原形〉という形になります。

So much *do* we take our need to tell stories for granted **that** such questions scarcely even occur to us. （首都大）

（訳）私たちは物語を語る必要性をあまりにも当然のことだと思っているので，そうした疑問が私たちの頭に浮かぶことすらほとんどないのだ。

なお，so が文頭にある主語の一部になっている次のような場合は，倒置は起きませんので注意しましょう。

So few species have been carefully studied **that** the extinction of a species, particularly an unstudied species, is like burning a book before it has ever been read. （お茶の水女子大）

（訳）注意深く研究された種は非常に少ないので，ある1つの種，中でも特にまだ研究されていない種の絶滅は，ある本を一度もまだ読んでいないうちに燃やしてしまうようなものである。

7.21 so much so that

〈**so much so that SV**〉という慣用句があります。以下の例文を見てくださ
い。

    (a) I was tired **so much so that** I couldn't keep my eyes open.

    (b) I cried **so much so that** I found it hard to breathe.

どちらの文も前半で, (a) は「私は疲れた」, (b) は「私は泣いた」とまず言っ
たうえで, では「どの程度疲れたのか？」「どの程度泣いたのか？」という
程度をthat以下で「that以下ほど疲れた［泣いた］」という意味を表してい
ます。この形はいわゆる〈so ... that ～〉構文が土台となっていて, so much
soの2つ目のsoは直前の内容を受ける「そうだ」の意味です。

    したがって, 直訳調で前から訳し下すと (a)「私は疲れていた。あまりにも
疲れていて目を開けていられないほどだった」ですが, (b)「私は泣いた。息
をするのが難しいほど泣いた」のように後ろから戻って訳してもどちらでも
構いません。

    このso much so thatが前文と切り離されて文頭に来ることもありますが,
意味のとり方は基本的に同じです。

The fact is, Father has become increasingly infirm. **So much so that** even
the duties of an under-butler are now beyond his capabilities.　　　　（熊本大）

（**語句**）The fact is, ... ⇒ 7.4 参照
（**訳**）実際には, 父はますます体が弱くなっていた。非常に弱くなってしまい,
副執事の仕事でさえ今では処理できなくなっている。

7.22 Such is S that

    まず〈**S is such that** Ⓢ+Ⓥ〉という慣用表現があることと, その訳出の
しかたを確認しておきましょう。次の例を見てください。

    (a) His excitement was **such that** he couldn't sleep.

    (b) He was **so** excited **that** he couldn't sleep.

7
節
・
接
続
詞

(a) の主節は第2文型（SVC）で，補語のsuchは「そのようなもの」という意味の代名詞です。主節全体は「彼の興奮はそのようなものだった」という意味で，その「そのような」の指している内容が後にあるthat節の内容（この場合は「眠れなかった」）です。したがって，直訳すれば「彼の興奮は眠れないほどのものだった」ですが，内容からその興奮の程度は大きかったと推測できますから，(b) の〈so ... that ～〉構文で書かれた内容と実質同じ意味を表していることになり，「彼は非常に興奮していて眠れなかった」と前から訳し下すのが慣例になっています。

　この〈S is such that ...〉で，suchが文頭に置かれると，S is の部分が必ず倒置してbe動詞が主語の前に出て〈Such is S that ...〉となります。

Such was her panic that she didn't notice that she was on the wrong bus.

（立命館大）

〔訳〕 彼女はとても慌てていたので，間違ったバスに乗ってしまったことに気づかなかった。

この文頭にSuchがある形はSuchの指示内容が前の文にあると錯覚しがちですが，後に出るthat節の中身がSuchの指示内容になりますので注意が必要です。

　以下は文頭のSuchからthatまでがかなり長い例です。

Such is the splendour and size of the meals offered to guests or served on special occasions **that** over the years the Persians have gained the reputation of having enormous appetites.

（龍谷大）

〔語句〕splendo(u)r 豪華さ

〔構文〕offered と served は過去分詞でどちらも meals にかかる。

〔訳〕特別な機会に，ゲストに勧められたり出されたりする食事の豪華さと量は大変なもので，年月とともに，ペルシャ人は食欲が旺盛だという評判になってきた。

接続詞 where

〈where SV〉という節には以下のような可能性があります。いずれの場合も，whereの後に続く部分には完全な文の形がきます。

whereの種類	節全体の働き	日本語訳
① 疑問副詞	名詞節	どこで［へ］SがVするのか
② 接続詞	副詞節	SがVするところで［へ］
③ 関係副詞	形容詞節	SがVする〈ところ〉
④ 関係副詞 （※先行詞を含む）	名詞節	SがVするところ

それぞれを例文で示します。

①' Do you know **where he was born**?　　（どこで彼が生まれたのか）
②' He died **where he was born**.　　（彼が生まれたところで）
③' This is the place **where he was born**.（彼が生まれた〈ところ〉）
④' This is **where he was born**.　　（彼が生まれたところ）

この中で，②の接続詞whereを苦手とする人は結構多いので，用法を確認しておきます。

(a) There was a supermarket **where** the parking lot is now.
（その駐車場が今あるところにはスーパーがあった。）

(b) **Where** there is a will, there is a way.
（意志あるところに道はある。《ことわざ》）

(c) We're back **where** we first met.
（私たちは最初に出会ったところに戻ってきた。）

このwhereは副詞節をまとめるので，節全体をhereとかthereに置き換えてみれば，その働きがよくわかります。たとえば(a)のwhere the parking lot is nowの部分をthereに置き換えて，(a)' There was a supermarket *there*. としてみると，where節の役割がわかりやすいのではないでしょうか。

このwhereの前に場所の意味を強調するrightがついた例も見ておきましょう。

7

節・接続詞

When people devote their attention to a particular area or aspect of their visual world, they tend not to notice unexpected objects, even when those objects are salient, potentially important, and appear *right* **where** they are looking.

（早稲田大）

> （訳）人が自分の視覚世界の特定の領域や側面に注意を向けていると，予期せ
> ぬ物には，それがたとえ目立ち，潜在的に重要で，まさに自分の見ている場所
> で現れたときでも，それに気づかない傾向がある。

7.24 Why＋原形？

疑問詞whyの後には様々な省略が起こります。ここではその形を確認しておきましょう。

① Why not＋原形 ...?

Why don't you ...?（…してはどうですか？）という提案・勧誘を表す表現と同じ意味を〈Why not＋原形 ...?〉という形で表すことができます。

Why don't you talk to him directly?（彼に直接話したらどうなの？）
= **Why not** talk to him directly?

② Why＋名詞？

Why the panic?（なぜパニックになっているのか）などは日常的にもよく使われるようですが，他にも Why the rush? / Why the confusion? / Why the delay? / Why the concern? など，色々な名詞とともに「なぜ…の状態なのか？」のような意味で（ときには反語的に）使われます。

③ Why＋代名詞？

whyの直後が代名詞のこともあります。

"Well, you go first, OK?" "Me? **Why me?**"
（「じゃあ，君が最初にやってくれ，いいな」「僕がですか？　なぜ僕が？」）

④ Why＋動詞の原形？

　表面的には「なぜ…するのか」ですが，文脈によっては「なぜ…する必要があるのだろうか（＝その必要はないのでは？）」といった反語的なニュアンスを含むこともあります。

Preserving historic buildings, and even whole neighborhoods, is a concern of architect-planners and citizens in both Europe and America. **Why preserve?**

（明治学院大）

（訳）歴史的建造物，ひいてはその地域全体の保存は，ヨーロッパでもアメリカでも，建築プランナーと市民の関心事である。なぜ保存する必要があるのだろうか？

7.25　in so far as

　in so far as は「…**する限り**」という意味の一つの接続詞で，しばしば最初の3語をつなげて **insofar as** と書かれます。非常に堅苦しい英語ですがときどき出会う形です。

This is a pattern which the countries of the West envy and seek to imitate **in so far as** they can in their own industrial systems.

（横浜市立大）

（語句）seek to ... …しようとする

（構文）they can の後には imitate を補って考える。

（訳）これは西洋の国々がうらやましく思い，自らの産業システムの中でできる限り真似しようとするパターンである。

　この接続詞の前に only が置かれると，〈**only in so far as SV**〉「SがVする場合に限って，SがVして初めて」という意味で使われます。

The logical positivists said that a sentence has a meaning **only in so far as** it is possible to define whether it is true or false.

（東京大）

（語句）logical positivist < logical positivism 論理実証主義（⇒ 8.1）

（訳）論理実証主義者は，ある文はそれが正しいか誤っているかをはっきりさせることが可能な場合にのみ意味を持つと言った。

譲歩を表す副詞節をまとめる〈no matter + wh-〉という形のwh-の部分には，what, who, whenのような疑問詞が置かれるのが一般的です。

> Don't trust him, **no matter** *what* he says.
> （たとえ彼がなんと言おうとも信用するな。）

ここでは，この形の様々なパターンを見ていきましょう。

① no matter whether

wh- の位置に接続詞のwhetherが置かれることがあり，後ろにはA or Bの形が来ます。譲歩を表しているので，実質上はno matterのないwhether A or B（たとえAであろうとBであろうと）という副詞節と同じ意味を表します。

> **No matter whether** there is a dispute or not, they must be dealt with.
> （VOA news）
> （論争があろうとなかろうと，それらの問題は扱われなくてはならない。）

② no matter＋前置詞＋wh-

疑問詞の前に前置詞がついた形があります。この形を理解してもらうために，no matter wh-節の成り立ちを(a)→(c)の順に見てください。

> (a) The river flows *in* that direction.（川はその方角に流れています。）
> →(b) *In* what direction does the river flow?
> （川はどの方角に流れていますか。）
> →(c) **No matter** *in* what direction the river flows, ...
> （たとえその川がどの方角に流れていようと…）

前置詞inの目的語はdirectionなので，(c) の形でも in what direction というかたまりがそのままであることに注意しましょう。

> This is why creativity, **no matter in what domain** it takes place, is so enjoyable. （お茶の水女子大）
>
> （訳）だから創造性というものは，たとえどのような領域で起ころうと，非常に楽しいものである。

この文は It takes place in the domain.（それはその領域で起こる）という文を，前のページで説明したように In what domain does it take place? という疑問文にして，その前の位置に no matter が置かれ，節の中が平叙文の語順になったと考えれば，in がなぜこの位置にあるのかがわかるでしょう。

③ no matter ＋名詞句

no matter の直後に名詞が置かれる場合があります。weather や cost といった名詞を始め，様々な名詞が使えます。

> Pi is the same **no matter** *the size of the circle.*
>
> （訳）円の大きさにかかわらず円周率は同じだ。

> My dad is a really open-hearted person who constantly showers us with hugs and kisses **no matter** *the occasion.*　　　　　　　　　（茨城大）
>
> （訳）父は，機会を問わず，私たちにハグとキスを絶えず浴びせかける本当に率直な人間だ。

⇒6.14 で〈whatever + 名詞〉という be 動詞が省略された形を扱いましたが，おそらくこの〈no matter + 名詞句〉という形も本来あった be 動詞や疑問詞が省略されてできた形ではないかと推測されます。というのも，疑問詞が残った形も使われているからです。

She had to know the truth **no matter** *what the cost.*
（彼女はたとえどんな犠牲を払おうと真実を知る必要があった。）

7.27　描出話法

人の発言を書く方法には大きく分けて「直接話法」と「間接話法」があります。

① **直接話法**：セリフをそのまま " 　　 "（引用符）に入れて表します。

I wondered, "Who is he? Where does he live?"
（私は「彼は誰だろう？　どこに住んでいるんだろう？」と思った。）

② **間接話法**：セリフを引用符に入れずに，文の書き手の立場や視点で言い換えて表現します。

I wondered who he was and where he lived.

①と比べると，従属節の時制や語順が違うのがわかると思います。

この①と②が混ざった**描出話法**と呼ばれる形があります。特徴は，セリフの前にある〈主語＋伝達動詞（say, ask, think, wonder など）〉を書かないことです。また，発言部分は疑問文の語順のままで，時制や人称は間接話法の場合と同じように隠れている動詞に揃えます。

例として，以下の文の下線部の意味を考えてみましょう。女の子が初めて一人でエレベーターに乗る場面です。

The lift came and she got into it fearfully. She was alone in the lift. Would she have to operate it herself, and if so, how?　　　　　　（山梨大）

（訳）エレベーターがやって来て，彼女は恐る恐る乗った。エレベーターの中は彼女一人だった。「私が自分で操作しなければならないのかしら？　そしてもしそうだとしたら，どうやって？」と彼女は思った。

下線部は，直接話法で書けば，She thought, "Will I have to operate it myself, and if so, how?" のようになります。

この描出話法では，〈主語＋伝達動詞〉の部分は書かないのが原則ですが，以下の例のように，セリフの後に書いてある場合もあります。

Why was I so interested in the Middle East? he asked.　　　　　　（京都大）

（訳）「なぜ君はそんなに中東に興味があるのかね」と彼は尋ねた。

He said to me, "Why are you so interested in ...?" という意味で解釈します。

第8章 | 名詞・代名詞

複合語の構成を考える

　連続した2語以上の語が1つの単語のように扱われるものを**複合語**ということがあります。その中で英文を読むときに注意が必要なものをいくつか見ていきましょう。

① a natural scientist

　a great scientistという複合語は，「great（偉大な）+ scientist（科学者）」→「偉大な科学者」という見た目どおりの意味です。しかし，a natural scientistを同じように「natural（自然な）+ scientist（科学者）」→「自然な科学者」と読んでも意味不明（じゃあ，不自然な科学者がいるのでしょうか……）です。

　これは，まずnatural science（自然科学）という学問があって，その研究をしている人を表すために，第2要素のscienceがscientistに変わったのです。つまり，

　　natural + scientist　　　　　　　　ではなく，
　　natural science + -ist（人を表す語尾）と考えます。

a natural scientistは「自然科学者」の意味です。

　同様に，political historianはpolitical history（政治史）を研究している「政治史研究家」ですね。類例をいくつかあげておきます。

　　　developmental psychologist　　（発達心理学者）
　　　educational psychologist　　　　（教育心理学者）
　　　evolutionary biologist　　　　　（進化生物学者）
　　　experimental psychologist　　　（実験心理学者）
　　　religious philosopher　　　　　　（宗教哲学者）
　　　social scientist　　　　　　　　　（社会科学者）
　　　theoretical physicist　　　　　　（理論物理学者）

　また，これと同じパターンで3語からなる場合もあります。classical linguistic scholarsは，「classical（古典的な）+ linguistic（言語学の）+ scholars（学者）」ではなく，classical linguistics（古典言語学）を研究しているscholarsのことです。

　次のような形も同じように理解できます。

> A number of years ago, when I was a freshly appointed instructor, I met, for the first time, **a certain eminent historian of science**. (明治大)

> （訳） 何年も前，私が新任の講師の頃，初めてある著名な科学史研究家に会った。

最後にある historian of science が「科学の歴史家」ではなく，history of science（科学の歴史）というフレーズの history が historian に変わった形だと見抜けたでしょうか？

　こうした複合語は，その元となる学問名になじみがないと誤読する可能性が高くなります。たとえば，an intellectual historian は「知的な歴史家」ではなく，intellectual history（思想史）を研究する「思想史研究家」のことです。同様に a criminal lawyer は criminal law（刑法）を扱う「刑事（事件）専門弁護士」のことです。

　なお中には，文脈によっては見た目どおりの〈形容詞＋名詞〉の意味になりうるものがあります。たとえば最後の a criminal lawyer は「罪を犯した弁護士」の可能性もあります。

　こうした複合語は辞書ですべて網羅されているわけではないので注意したいですね。

② a miracle worker

　この miracle worker も「奇跡の労働者（？）」では意味不明です。そこでこれと同じ組み合わせの複合語を使って説明しましょう。たとえば a tennis player は，play (V) tennis (O) という〈他動詞＋目的語〉が土台になっていて「tennis を play する人」という意味ですね。miracle worker もこれと同じで，「miracle を work する人」と解釈します。するとこの work は他動詞ということになり，辞書で work の他動詞用法を調べると，〈**work a miracle** 奇跡を起こす〉というフレーズが見つかります。つまり miracle worker は「奇跡を起こす人，不可能なことを成し遂げる人」という意味です。

　ちなみに，三重苦を乗り越えた偉人ヘレン・ケラーの伝記映画のタイトルが *The Miracle Worker* で，日本では『奇跡の人』という邦題で上映されましたが，この The Miracle Worker が指しているのは，ヘレン・ケラーの家庭教師を勤めたサリバン先生のことだと考えられています。

8

名詞・代名詞

前文の内容をまとめる名詞

　前にある語句を他の（名詞に相当する）語句で言い換えたり補足説明したりする場合，後ろにある語句は前にある語句と「**同格**」だと言います。

　　Mr. Brown, *our English teacher*

　　the fact *that many men were killed in the year*

　この同格の用法の一つに，**直前に書いてある内容を名詞句でまとめて言い直す用法**があります。次の例を見てください。

In modern Japan more foreign literature has been published in translation than perhaps in any other country in the world—**a fact** that we feel we can be proud of.　　　　　　　　　　　　　　　　　　　　　（清泉女子大）

〔**訳**〕現代の日本ではおそらく世界のどの国よりも翻訳による外国文学の出版数が多い。これは私たちが誇れると感じる事実である。

直前に書いてあることを a fact という語でまとめています。訳すときは this is a fact ... のようなつもりで訳せばいいでしょう。

　この名詞に形容詞がつくこともももちろんあります。

... you have to get up several times during the night to refill them— **an exhausting process** when ...　　　　　　　　　　　　　　　　　　（明治大）

〔**訳**〕それを詰め替えるために夜中に何回も起きる必要があり，それは…のときは疲れる工程である。

　動詞の中には「自分と語源的または意味的に関係ある名詞」を目的語にして慣用表現を作るものがあります（そのような目的語を「同族目的語」と言うことがあります）。たとえば，live という動詞は通常は自動詞で用いられますが，他動詞として，live の名詞形 life を目的語にして live a happy life（幸せな生活を送る）のような慣用表現を作ります。

　この live は他動詞ですから，次のような受け身の形もありえます。

His whole life was lived trying to do the opposite of what was expected.

(VOA news)

（訳）彼の生涯は，期待と反対のことをしようとして過ごされた生涯だった。

　次のような表現も，この用法の延長線上にあると考えることができます。

If I were to **have my life to live** over again, I'd really like to be a doctor.

（杏林大）

（訳）もし再び人生をやり直すことがあるなら，医者になりたいと本当に思う。

live over は〈他動詞＋副詞〉から成る句動詞で「〈人生〉をやり直す」の意味です。to live over は不定詞の形容詞用法で直前の life にかかり，my life が意味の上で live という他動詞の目的語になっています。つまり have my life to live over again は直訳すると「再びやり直せる人生を持つ」→「再び人生をやり直す」の意味です。

　このような同属目的語を使う慣用表現には他に次のようなものがあります。

The baby **slept** a sound **sleep**. （大阪商業大）
▶ sleep a sound sleep で「ぐっすり眠る」の意味です。ちなみにこの sound は形容詞で「（睡眠が）深くて体が休まる」の意味です。

I **smiled** my bright, meaningless **smile**. （玉川大）
▶最初の smile が動詞，2つ目の smile がその目的語となる名詞です。意味は「私は明るく意味のない微笑みを浮かべた」です。

Pompeii did not **die** a lingering **death**; it was killed, swiftly, at the height of its wealth and beauty.（同志社女子大短大部）

▶普段は自動詞で使われる die が death という名詞を目的語にしています。lingering は「長引く」という形容詞で，意味は，「ポンペイ（という都市）は長期に患った末に滅びたのではなかった。その富と美しさが絶頂のときにあっという間に破壊されてしまったのであった」です。

他にも辞書に以下のようなフレーズが載っていますが，それほど頻繁に使われるものではありませんし，意味も推測しやすいので，ざっと目を通しておいて「そういう言い方がある」くらいに思っておけば十分でしょう（決して英作文では使わないように……）。

die a natural death	（自然死する）
dream a strange dream	（奇妙な夢を見る）
fight a good fight	（善戦する）
laugh a loud laugh	（大声で笑う）
run a race	（競争する）

8.4 名詞化表現(1): examination

a careful examination という表現はどんな意味でしょう。そのまま直訳して「注意深い試験」（？）では何のことだかわかりません。examination が動詞 examine（調べる，調査する）の名詞形であることをヒントに，このフレーズは examine carefully（注意深く調べる）という「動詞＋副詞」の意味を含んでいると考えてください。つまり全体は「注意深く調べること」となります。

さて，そうすると次の文の意味がわかるでしょう。

But **a careful examination** of the arguments against free immigration shows that they are not in fact valid. （慶應大）

（訳）しかし自由な移住に対する反対意見を注意深く調べてみると，実際にはそれらが妥当ではないことがわかる。

上記の文全体は examination (S) ... shows (V) that 節 (O) の形です。a careful examination of the arguments ... の部分を If you carefully examine the arguments ... のような意味で解釈します。

　主語にこのような名詞化表現が来るパターンはおおよそ決まっていて，次のようなものがその典型的な形です。

〈主語〉　　　　　　　　　　　　　　　　＋　　　　　　　〈動詞〉

consideration < consider（考慮する）	
examination < examine（調べる）	
inspection < inspect（検査する）	**lead to** ...（…につながる）
look < look（見る，調べる）	**reveal** ...（…を明らかにする）
observation < observe（観察する）	**show** ...（…を示す）
reflection < reflect（熟考する）	
scrutiny < scrutinize（精査する）	

実際には，この主語に close（綿密な）とか careful（注意深い）という形容詞（およびその比較級）がつくこともありますが，基本原理さえわかっていれば，意味をとるのはそう難しいことではないでしょう。

　名詞が observation の例もあげておきます。

Careful observation of children in play groups revealed that if they are high-density groupings there is less social interaction between the individual children.　　　　　　　　　　　　　　　　　　　　　　（上智大）

（訳）遊んでいる集団の中にいる子供たちを注意深く観察したところ，密度の高い集団の場合には，個々の子供間で，他の子とのやりとりが少ないことが判明した。

　また，こうした名詞句が前置詞の目的語になり，全体として副詞句になる以下のような場合もありますが，考え方は同じです。

However, **on closer inspection**, the organizers noticed a surprising pattern of behavior.　　　　　　　　　　　　　　　　　　　　　　　　　　　（東京理科大）

（訳）しかし，より綿密に調べると，主催者は驚くべき行動パターンに気づいた。

8.5 名詞化表現(2): failure to

failには「失敗する」以外に「ある行為をしそこなう［怠る］」という意味があり，〈fail to ...〉で「（…という行為をしそこなう→）…できない」「（…するのを怠る→）…しない」という意味を表します。英英辞典を引くとfail to = do not; cannotと言い換えてあることも参考になるでしょう。

そのfail toが名詞化した〈**failure to** ...〉という形はたいてい「…しない［できない］こと」という意味を表します。例を見てみましょう。

I was disappointed by his **failure to** help me.
（彼が私を助けてくれなかったのでがっかりした。）

his failure to help meの部分がhe failed to help meの意味を表しています。

このfailureの前に形容詞がついた場合は，訳出に注意が必要です。

Given that we all dream more or less the same amount, it is surprising how many people claim never to dream, or find that even their most gripping dreams vanish without trace when they wake up. **This frustrating failure to remember** dreams can be remedied with a little work.　　(早稲田大)

語句 Given that ... ⇒ 11.6　　gripping わくわくさせる

訳 私たちがみなほぼ同じ量の夢を見ると仮定すると，夢を決して見ないと主張したり，最もわくわくする夢ですら目が覚めたら跡形もなく消えているのがわかったりする人がどれほど多いかは驚きだ。夢をこのように思い出せないでいらいらすることは，ちょっとした努力で改善できる。

8.6 the mother in me

定冠詞theの後に人間を表す名詞を置いて，その人間のもつ典型的な性質だけを取り出して表現する用法があります。たとえば，the motherは「母親という人間の持っている本質」の意味で，日本語で言うと「母性」といった言葉に対応します。いくつか用例を見ておきましょう。

It appealed to **the mother** in her.

（それは彼女の中にある母性に訴えかけた。）

These toys are sure to inspire **the child** in all of us.

（これらの玩具は間違いなく私たち皆の中にある子供心をくすぐるだろう。）

　このtheの後に続く名詞は，上にあげたmotherとかchildといった用例が多いのですが，次の例のように職業が続く場合もあります。

This little school was essentially a survivor of the Victorian Age [1837-1901], becoming rare even in my schooldays, and probably unknown today, so that **the historian in me** feels glad to have been a pupil there.

（滋賀県立大）

　訳　この小さな学校は基本的にビクトリア王朝時代（1837-1901年）からの残存物で，私の学生時代ですら珍しいものになっていたから，今ではおそらくは知られていないであろう。だから私の中の歴史家心がその学校の生徒であったことを嬉しく感じているのである。

　人間を表す名詞の前にtheがつくことはいくらでもありますから，この用法を見破るのは難しいのですが，一つの目安として，後ろにその存在場所がin ... やwithin ...で示されていたり，また前にappeal to（…に訴えかける）とかinspire, arouseといった「性質を呼び起こす」のような動詞が置かれることが多いように思います。

Just as a master musician may cause the most beautiful strains of music to pour forth from the strings of a violin, so may you arouse **the genius** which lies asleep in your brains, and cause it to drive you upward to whatever goal you may wish to achieve.

（東京理科大）

　語句　strains 調べ，旋律　Just as ... so ⇒ 7.8

　訳　天才音楽家が，最も美しい音楽の調べをバイオリンの弦から溢れ出させるのとちょうど同じように，あなたもまた自分の脳内に眠っている天才的才能を目覚めさせ，それを使って，自分の成し遂げたいと望んでいるどんな目標でも，そこまで自分を駆り立てて持っていかせるかもしれない。

155

名詞を2つ並べる場合，entrance exam（入学試験）のような複合語（⇒8.1）や慣用表現は別として，たいていは間に何らかの前置詞が必要です。ところが，名詞の中には，直前の名詞との間に前置詞を置かないで使える名詞があります。いくつか例を見ておきましょう。

(a) An ostrich lays *an egg* **the size** of a softball.
（ダチョウはソフトボール大の卵を産む。）

(b) He married *a woman* **his daughter's age**.
（彼は自分の娘の年頃の女性と結婚した。）

(b) She has *eyes* **the color of chocolate**.
（彼女はチョコレート色の目をしている。）

たとえば(a)の表現の場合，an egg と the size の間に of を入れることもありますが，何も入れないほうが普通です。このような用法で使えるのは size, age, color, length, weight などごく一部の名詞に限られますが，知っておいたほうがいいでしょう。

後ろにある名詞に形容詞がついた以下のような例にも注意しましょう。

Even then, he could work harder than — and outdo — men **half his age**.

（京都外国語大）

(**訳**) その当時ですら，彼は自分の半分の年齢の男性よりも熱心に働くことができ，仕事でも負けていなかった。

8.8 所有格の意味

まず，次の2つを比べてください。

(a) the child's success （その子の成功）
(b) the child's education （その子の教育）

この2つの the child's という所有格の表している意味が違うことに気づきましたか？ この(a), (b)で使われている名詞を動詞に変えて，その動詞と the childの関係を考えると，以下のような意味の関係があることがわかります。

(a) は the child (S) succeeds (V)　　（その子<u>が</u>成功する）
(b) は educate (V) the child (O)　　（その子<u>を</u>教育する）

　所有格が代名詞hisになっても同じで，*his* success は「彼<u>の</u>成功＝彼<u>が</u>成功すること」，*his* education は「彼<u>の</u>教育＝彼<u>を</u>教育すること」の意味が表せます（ただし後者は，文脈によっては「彼が教育すること」の意味にもなりえます）。誤解がなければ「彼<u>の</u>」と訳して構いませんが，意味が曖昧な場合は，「彼<u>が</u>」とか「彼<u>を</u>」と訳すことも可能だということを確認してください。
　類例をもう1つ見ておきましょう。

In other words, the fears are still there, but **their** *expression* is blocked.

（関西学院大）

この their expression の their はすぐ前にある the fears (恐怖) を指しています。でも所有格theirを「その恐怖<u>の</u>表現」と訳しても今ひとつピンと来ません。この句は上の(b)と同じで，express them(= the fears) という関係を表していますので，「それら<u>を</u>表現すること，その恐怖を表に出すこと」としたほうがわかりやすい訳文になります。全体は「言い換えれば，恐怖心はまだそこにあるが，それを表に出すことは妨げられている」となります。

8.9　some ... than others

　英語でsomeとothersはよくペアで使われます。代表的な形が以下のものです。

Some people like summer, and **others** like winter.
（夏が好きな人もいれば，冬が好きな人もいる。）

この文頭のSome peopleは「何人かの人々」という意味ではありません（日本語で「何人かの人」と言ったら，頭に思い浮かべる人数はせいぜい10人以下のはずです）。英語の some は全体 (all, 100%) に対してその一部となる集団を表していますから，「一部の人は…」か，あるいは「…する人も（中には）いる」と訳すのが一般的です。そしてこのsomeに対して別の集団を登場さ

せたいときにはothersを使います。この場合，たいてい上のように「…する人もいれば，〜する人もいる」と訳します。

　このsome と othersが，次のような比較級を使った構文で現れることがあります。この文はどんな意味でしょう。

　　　Some persons have better memories than **others**. （中央大）

直訳すれば「一部の人は他の人よりも記憶力がいい」ですが，今ひとつ何が言いたいのか伝わってきません。もし人間の記憶力が皆均一で同じならそういうことは言えないはずですから，これは要するに「人によって記憶力の良い悪いには差がある」ということを言っているわけです。

　では出題例を見ておきましょう。

Ideas have spreading power, and **some** ideas have more spreading power than **others**. （秋田県立大）

　（訳）アイディアには広まる力があり，その広まる力はアイディアによって違う。

　次の例はsome, othersが前置詞inの後にありますが，考え方は同じです。

The trigger can be more sensitive in **some** people than in **others**. （一橋大）

　（訳）そのきっかけとなるものをどれほど敏感に感じとれるかは人によって差がある。

8.10　one of X の可能性

　one of my friends（私の友人の一人）に代表される〈**one of** +名詞〉という形は，「名詞の中の一人［一つ］」という意味から考えて名詞が複数になるのは当然です。

　しかしone ofの後が必ず複数になるかというとそうではありません。以下の英文を見てください。

The process is essentially **one of** detective *work* and the direct evidence may survive in a variety of different forms. （信州大）

oneには「一つ」という意味以外に，前に出た名詞の反復を避けるために「それ」の意味で使われる代名詞の用法があります。上の文は，The process (S) is (V) one (C) of ... という第2文型で，主語がprocessですから補語のone も processを指しています。このような場合，*the process* の意味であれば，*that of ...* のように代名詞thatが使われますが，a processの意味（＝いくつか手順がある中の一つ）であれば，one of ... となります。上の文は「その手順は本質的に探偵の仕事のような手順で，直接的な証拠が様々な形で残っているかもしれない」という意味です。

　oneが複数形の場合ももちろんあります。以下の文も ones = lives と置き換えて考えます。

Another myth about hunter-gatherers is that their lives are **ones of** continuous labor.　　　　　　　　　　　　　　　　　　　　（成城大）

（訳）狩猟採集民に関するもう1つの誤解は，彼らの生活が休みなく働き続ける生活だというものである。

　さらに，同じ〈one of ＋単数〉の形をしていても，上にあげた例とは違ってoneが「人」の意味の次のような場合もあります。

Today, "The Tale of Genji" is acknowledged as the world's first modern novel, and its writer, Murasaki Shikibu, not just as a pioneer but as **one of** enormous talent, not least in her use of irony.　　　（電気通信大）

（語句）not least とりわけ，特に（⇒ 10.1）

（訳）今日，『源氏物語』は世界最初の現代小説だと認められており，その作者である紫式部も，単なる先駆者としてだけではなく，特に皮肉の使い方においてとてつもない才能を持つ人物として認められている。

このofは「…を持った」の意味の前置詞（⇒11.10）で，one of enormous talentはa person having enormous talentと言い換えられます。

　ちなみに，かつて東京大学の下線部訳で出た問題に次のような英文がありました。下線部のone of の部分が正しく理解できますか？

What she didn't understand, she often said, was the kind of laziness which, in the name of convenience, in the end made more work and deprived one of the small but real joys.　(東京大)

> **訳** 母がしばしば言っていたのだが，便利さという名の下に，結局は仕事を増やし，ささやかではあるが真の喜びを人から奪ってしまうような類いの怠惰が，母には理解できなかったとのことだ。

one ofの後の，the + { small but real } + joysという形（⇒7.1）を見て，joysが複数形だからこのone of ... は「…の中の一つ」だと思った人はいませんか？　仮にそう読んだ場合，それが直前にある動詞depriveの目的語になるのでしょうか？

depriveの語法を考えてみましょう。

His worries **deprive** him *of* sleep. （心配事があって彼は眠れない。）

上記のように，depriveの目的語は奪ったものを持っていた人です。したがって，one ofのoneは「一つ」ではなく一般的な「人」を表す代名詞で，ofは〈deprive A of B〉のofであることがわかります。

8.11　S = 所有代名詞

まず「私の家族は大家族です」を英訳することを考えてみましょう。直訳すれば，Our family is a large family. ですが，familyが2回登場するので，たとえば補語のfamilyと不定冠詞 a を取って

(a) Our family is large.

とすることができます。

では補語のfamilyを残して主語にfamilyを使わないで表現するにはどうしたらいいでしょう？　Ourは所有格ですから，そのままでは主語になりません。このような場合は，we — our — us — ours という代名詞の4番目の「…のもの」という意味の形（所有代名詞）を使って，

(b) **Ours** is a large family.

とします。

　このように，補語の名詞の意味を含んだ所有代名詞が主語に置かれた形は，比較的よく見かけます。類例を見ておきましょう。

Ours is a throw-away society.

（訳）我々の社会は使い捨ての社会である。

　また，以下のような第5文型の受け身の形も called の後に置かれた単語は主語とイコールの関係にありますから，Ours = Our age だとわかります。

Ours is called the age of information.

（訳）我々の時代〔＝現代〕は情報の時代だと呼ばれている。

---

ours が our age の意味なので「現代」と訳しても構いません。

　特に主語が his の場合，後に名詞が省略されている所有格だと勘違いしがちですが，所有格の後にある名詞は省略できません。his は所有格ではなく所有代名詞（he — his — him — his の2番目ではなくて4番目）です。

Adrian Hunt, an expert of this subject in New Mexico, insists that **his is the field** in which amateurs have made the biggest contribution.　　　　（中央大）

（訳）ニューメキシコ州でこのテーマの専門家であるエイドリアン・ハントは，自分の分野はアマチュアが最大の貢献をしてきた分野だと主張する。

8.12　S is ours to *do*

　所有代名詞を『リーダーズ英和中辞典（第2版）』で引いてみると，次のような意味と例文が見つかります。

　mine　わたしの家族〔手紙，責務〕：
　　It is **mine** to protect him. 彼を保護するのはわたしの責任です。

> **ours** われわれの家族［会社，連隊など］；われわれの任務：
>
> It is not **ours** to blame him. 彼を責めるのはわれわれの任ではない。

これを読むと，所有代名詞単独でも色々な意味を表しうることがわかると思いますが，用例がどちらも〈S is ours to ...〉という形になっています。この〈S is ours〉は言い換えれば〈S belongs to us.〉ということで，自分の所有物なので自分で管理できる，自分に責任がある，ということになり，それが上の「…の責任，責務，任務」という意味に対応していると考えることができます。

　用例を見てみましょう。

> Zoo animals exist, ultimately, for our entertainment. Yet **nature is not ours to control**; and our responses to the natural world should surely not be based on such simple feelings.　　　　　　　　　　　　　　　（慶應大）
>
> 　訳　動物園の動物は突き詰めれば我々の娯楽のために存在している。しかし自然は我々がコントロールするものではない。そして自然界に対する我々の反応は間違いなくそうした単純な感情に基づくべきではない。

nature is not ours は nature doesn't belong to us つまり自然は私たちの所有物ではないので管轄外であるということを言っています。

　この考え方で，They are not **mine** to sell [lend].「それらは（自分の持ち物ではないので）売る［貸す］ことはできない」という表現も，またアメリカ第36代大統領ジョンソンが言った "yesterday is not **ours** to recover"「昨日は（私たちのものではなくなったので）取り戻せない」という言葉も同様に理解できます。

8.13　再帰代名詞の強意用法

　再帰代名詞（-self, -selves で終わる代名詞）には，次の2つの用法があります。

① 再帰用法
　動詞や前置詞の目的語になります。

162

Don't *blame* **yourself**.   ［動詞の目的語］
（自分を責めないで。）

I noticed it when I *looked at* **myself** in the mirror.   ［前置詞の目的語］
（鏡で自分を見たときにそれに気づいた。）

② 強意用法

　名詞や代名詞などの同格語として，「自ら，自分自身で」の意味を強調します。主語と離れた位置にあるときに特に注意が必要です。

I didn't believe it until *I* looked at the data **myself**.   ［主語と同格］
（私は自分でそのデータを見るまでそれを信じていなかった。）

I met *the mayor* **himself**.   ［目的語と同格］
（私は市長本人に会った。）

　この①，②の構文上の決定的な違いは，①の場合，再帰代名詞が目的語として働くので，取り去ると文が不完全になるのに対し，②の場合は，文の主要素になっていないので，取り去っても，残った文が完全な形だということです。

　では次のwhat節の中の再帰代名詞は①と②どちらの用法でしょう。

I only believe what I see **myself**.

myselfは他動詞seeの直後にあるので一見①の再帰用法に見えますが，seeの目的語は関係代名詞whatで，myselfはIと同格の②強意用法です。「私は自分自身で見えるものだけを信じる」の意味です。「自分自身を見る」と解釈しないように気をつけましょう。

　他の例を見てみましょう。

Moreover, some philosophers speak and write in a language they have invented **themselves**.   （熊本大）

　　(訳)　さらに，哲学者の中には，自分自身で作り出した言葉で話したり書いたりする者もいる。

investedの目的語はtheyの前に省略されている関係代名詞で，investedの後にあるthemselvesはtheyと同格の強意用法です。

　この強意用法が曖昧さを引き起こすことがあります。次の例を見てください。

So I turned the flashlight on **myself**.

この英文は文脈がなければ，2通りの解釈が可能ですが，それがわかりますか？

　解釈(A)「だから私は自分自身に懐中電灯の光を当てた」
　▶ この場合，turned（向けた）の目的語がthe flashlight（懐中電灯）で，前置詞onの目的語がmyselfだという解釈です。

　解釈(B)「だから私は自分自身で懐中電灯をつけた」
　▶ この場合，turned ... on（…のスイッチを入れる）で，onは副詞。myselfは主語のIと同格という解釈です。

　実はこの英文の後には以下の文が続きます（以下のイタリックの部分）。文中のthemは，自宅の庭を荒らしに入って来るアライグマを指します。

So I turned the flashlight on **myself**, *hoping that the clear image of a person would scare them away.*　　　　　　　　　　　　　　　　（法政大）

（訳）だから私は人間のはっきりした像が彼らを怖がらせて追い払うことを望んで，自分自身に懐中電灯の光を当てた。

この「はっきりした人の像」は自分自身に光を当てた結果ですので，文脈から解釈(A)が正しいと判断できます。

8.14 　人間以外を受けるshe

　みなさんは英和辞典でsheという単語を引いたことがありますか？　なければ引いてみてください。「彼女（が）」という意味以外に次のような意味が載っていると思います。

　she 　それ（国，船，愛車，月，自然，海などを指す）

もちろんこれは文語体で使う古風で擬人的な用法ですから，自分で英文を書くときに絶対に使ってはいけません。しかし，読解問題で出会う可能性はあるので，sheが人間以外のものを指すことがありうるということは知っておいて損はないでしょう。

Nature, however, remained relatively untouched. **She** exercised control over man, sometimes causing death and suffering and making life and communicating difficult, but also providing the means to exist. （山口大）

(語句) exercise control over ... …を統制する

(訳) しかし自然は比較的手をつけられていないままだった。自然は，ときには死や苦しみをもたらし，生活ややりとりを困難にしつつも生きていく手段を提供しながら，人間を統制した。

She は第1文の主語 Nature（自然）を受けています。

次は Japan を she, her で受けた英文です。

Furthermore, unlike many other imperial powers, Japan did not advance into remote regions. Nor did **she** rule **her** colonies long enough to ...
（慶應大）

(訳) さらに，他の多くの帝国主義国とは違い，日本は遠くの地域にまで進出しなかった。そして日本は…するほど長く植民地を統治することもなかった。

8.15 the mere ＋名詞

mere（単なる）という形容詞が名詞の前に置かれて，訳すのにひと工夫必要な慣用表現があります。まず一つ例を見ておきましょう。

The mere thought of meeting him made me nervous.
（彼に会うことをただ考えただけでも私は不安になった。）

直訳すると「彼に会うことを単に考えることが私を不安にさせた」となります。日本語に訳すときは，この mere の後にある名詞を動詞のように訳して「…しただけで」とするのが慣例になっています。

the mere sight of X　　「Xを見ただけで」
the mere thought of X　「Xを考えただけで」
the mere presence of X　「Xがいるだけで」
the mere mention of X　「Xのことを口にしただけで」

この形は，主語以外の位置で使われることもあります。

Most of my friends live in the city, yet they always become extremely delighted at **the mere mention of** the country. （明治大）

訳 私の友人のほとんどは都会に住んでいるが，田舎のことを口にするだけでいつも非常に喜ぶ。

また mere が最上級 the merest になる形もあります。

Yet **the merest mention of** an outbreak evokes fear and dread, due to the deadly nature and rapid spread of these similar diseases. （VOA news）

注 文中の diseases は Ebola（エボラ出血熱）と Marburg disease（マールブルグ熱）を指す。

訳 だがこれらの似たような病気には致命的な性質があり急速に広がることが理由で，病気の大流行のことを少しでも口にしただけで恐怖と不安を引き起こす。

第9章 | 形容詞・副詞

9.1 冠詞（aとtheの対比）

可算名詞に不定冠詞aをつけるか，それとも定冠詞theをつけるかは，私たち日本人英語学習者にとっては永遠の課題ですが，一つの文中の同じ名詞にaとtheがついて対比されている用例は，その違いを学ぶ格好の材料となります。

次のセリフは，巨大なサメが人間を襲う映画 *Jaws* に出てくるものです。

They caught **a** shark, not **the** shark.

あくまで一般論として言えば，a shark は「他にも似たようなサメが複数いる中の不特定の1匹のサメ」で，the shark は「聞き手，読み手がどのサメのことを言っているのかわかる特定の1匹のサメ」ということになるでしょうか。実際の映画の字幕だと規定の文字数内で訳す必要がありますが，仮に字数制限がないとして，このaとtheの違いをあえて強調して訳せば，「あいつらが捕まえたのはただのサメだ。例の（人食い）サメじゃない」といった感じになるかと思います。

ではこのように一文の中の同じ名詞にaとtheがついた例を見ておきましょう。

For more than a decade, neuroscientists and physiologists have been gathering evidence of the beneficial relationship between exercise and brainpower. But the newest findings make it clear that this isn't just **a relationship**; it is **the relationship**.　　　　　　　　　　（立教大）

> （訳） 10年以上の間，神経科学者と生理学者は運動と知能の互恵関係を示す証拠を集めてきた。しかし最新の調査が明らかにしているのは，これがただの関係ではなく，これこそが唯一の関係だということである。

「運動と知能」の関係を述べた文で，従来は運動が知能を高める<u>要因の一つ</u>だと考えられていたが，最近の調査では運動が知能を高める<u>唯一の要因</u>だ，というニュアンスが冠詞a（複数あるもののうちの一つ）と the（唯一のもの）の違いで書かれています。

もう一つ見ておきましょう。

> Teaching youths to make good decisions has long been **a** central goal — if
> not **the** central goal — of parents and teachers.　　　（東京理科大）

> 語句　if not ⇒ 7.12 参照
> 訳　若者に賢明な判断をするよう指導することは，長い間，親と教師の，中
> 心となる唯一とは言わないまでも，中心となる目標の一つであった。

a goal は one of the goals，the goal は the only goal のようなニュアンスです。

9.2　much (a) part of

まず次の英文の意味を考えてみてください。

Women are very much a part of the military.

much を「たくさん」だと思っていると「X は Y の大部分である」と誤訳し
てしまいます。しかし，もし part という単語を使って「大部分」と言いたけ
れば，たとえば，The automobile industry is *a large part of* Japan's economy.
（自動車産業は日本経済の大きな部分になっている）のように large とか great と
いった形容詞が（冠詞 a の後で）使われるはずです。

　実は，この **X is (very) much (a) part of Y**. は「占める割合」が多いこと
を言うのではなく，be (a) part of ...「…の一部になっている」程度が「大き
い」，つまり **「浸透度，定着度」が高い**ということを言っていて，「（主語が）
すっかり…の一部になってしまっている」という意味なのです。冒頭の例
文は，「女性は軍隊の一部としてすっかり定着している」（珍しくはない）と
いった意味になります。

　次のように主語が単数の場合にももちろん使うことができます。

Max, our dog, is **very much part of** our family now.

> 訳　うちの飼い犬のマックスは，すっかり家族の一員になっている。

この形は，以下のように少し形を変えて出てくることがあります。

① 〈so ... that ~〉構文

S is so much (a) part of X that ... という形で「S はすっかり X の一部に
なってしまっているので…」という意味を表します。

Language is *so* **much a part of** our daily activities *that* some of us may
come to look upon it as a more or less automatic and natural act like
breathing or winking.　　　　　　　　　　　　　　　　　　　　（新潟大）

> **訳** 言語はすっかり私たちの日常の活動の一部になってしまっているので，
> 私たちの中にはそれを，呼吸やまばたきのような多少なりとも無意識で自然な
> 行為だと考えるようになる人がいるかもしれない。

② 比較の〈as ... as〉構文

2つ目の as 以降に書いてある比較の対象と比べて，定着度が同じ，という
意味です。

Video games are *as* **much a part of** this generation's lives *as* television was
for the lives of their predecessors.　　　　　　　　　　　　　（埼玉大）

> **訳** テレビゲームはすっかりこの世代の生活の一部となっており，それはテ
> レビが彼らの前の世代の暮らしの一部であった程度と同じである。

9.3 the few

few という単語を習うとき，たいていは次のような違いが強調されます。

There are **a few** eggs in the fridge.　　　（冷蔵庫に卵が少しある。）
There are **few** eggs in the fridge.　　　　（冷蔵庫には卵がほとんどない。）

ところが，このような教え方をされるせいか，どうもこの few という単語は
「前に a がつくか，何もつかないかの2通りしかない」と勘違いしている生
徒が多く，定冠詞のついた the few という形があると，「the few ？　そんな
の習ってない！」という反応を示します。この the few という形は，a few（少
数）の意味の a が the に置き換わっただけで，何らかの意味で「（特定の）少
数の人々［物］」を表します。具体的には，以下のように使われます。

170

① 単に「少数の人たち」という集団を表す場合

the idea that the judgement of the many is better than that of **the few**

(センター追試)

訳 多数の人間の判断は少数の人間の判断よりも優れているという思想

the fewが前にあるthe manyと対比して用いられています。

②「その残ったわずかな人・物」という意味を表す場合

（全体）−（多数）＝（少数の残り全部）といった文脈で使われます。

Not many people came to the concert, but **the few** who came heard some excellent performances.

(早稲田大)

訳 そのコンサートに来た人は多くはなかったが，来た少数の人はすばらしい演奏を聞いた。

「コンサートには多くの人が来なかった」と述べた後，「コンサートに実際に来た少数の人」という特定の人が念頭に置かれていて，the few who cameとなっています。

同様の例をもう1つ見ておきましょう。

Many left to die while **the few** who were left were used as slaves.

訳 多くの人はその場を去って死に，一方で，残された少数の者は奴隷として使われた。

この文では「その場を去った多くの人」と「残された少数の人」が接続詞whileによって対比されています。

③「少数の特別な人々」の意味の場合

特に「限られた（恵まれた）少数の人々」のようなニュアンスで代名詞としてよく使われます。

Before World War II, especially, college was the choice of **the few**, and even finishing high school was a luxury many couldn't afford.

(明治学院大)

訳 特に第二次世界大戦前，大学進学は少数の人が選ぶ道であって，高校を卒業することさえ，多くの人の手に届かない贅沢であった。

9

形容詞・副詞

また〈the + 形容詞 + few〉の形で、「少数の…人々」の意味の慣用句が作られます。

the chosen few（少数の選ばれし人々《特別扱いされているが、それに値しないというニュアンスを持つことがある》）

the fortunate few / the lucky few（少数の幸運な人々）

the privileged few / the discriminating few（少数特権階級）

9.4　形容詞＋if＋形容詞

譲歩の意味を表すif（⇒7.11）が、2つの対照的な意味を持つ形容詞の間に入って〈**A if B**〉という形になることがあります。ifはeven ifの意味で解釈して「たとえBであったとしてもA」のようになります。

My computer is very handy, **if** a bit old.
（私のコンピュータは少し古いけれどとても使いやすい。）

この〈**A if B**〉全体が後続の名詞を修飾している場合は、意味の切れ目に注意する必要があります。

a comfortable, **if** small, house
（小さくても快適な家）

a particularly clever **if** devious trick
（ずる賢いとしても非常に賢明なトリック）

入試問題の例も見ておきましょう。

It was in a serene **if** sad spirit that he entered his own country and smelt his native air.　　　　　　　　　　　　　　　　　　　　　　　　　　　（上智大）

（**訳**）自分の国に入って母国の空気の匂いを嗅いだとき、彼は悲しくはあったが穏やかな気持ちであった。

9.5 unless otherwise ＋過去分詞

　接続詞 unless は「…しない限り」という意味の副詞節をまとめますが，この節内に〈otherwise ＋過去分詞〉が置かれた，「違ったふうに…されない限り」という意味の慣用句があります。

　たとえば，以下はある宿泊施設にあった緊急時の避難方法に関する英文です。

> Do not use elevators to exit. Leave by the nearest exit **unless otherwise directed** by emergency personnel.
>
> 訳 外に出るのにエレベーターは使用しないでください。救急隊員によって違ったふうに指示されない限りは最も近い出口から出てください。

　上記の otherwise は，実際に「何と違ったふうに？」なのでしょう。ここでは unless の前に「最も近い出口から」という一般原則が書いてあるので，「その原則と」違う，つまり「いちばん近くの出口から逃げてはいけないと」指示されない限り，という意味です。日本語では「特別の指示がない限り」に相当すると考えればいいでしょう。

　このフレーズで使われる過去分詞はある程度決まっていて，この他に以下が代表的なものです。

　　unless otherwise *agreed*　　（特に合意のない限り）
　　unless otherwise *indicated*　（特に指示がない限り）
　　unless otherwise *noted*　　（特に言及［記載］のない限り）
　　▶ このフレーズはよく用いられるので，頭文字をとって UON と省略されることもあるくらいです。
　　unless otherwise *specified*　（特に規定のない限り）
　　unless otherwise *stated*　　（特に記載のない限り）

　この最後のフレーズが使われた例文を見ておきましょう。

> Books cited were printed in London, **unless otherwise stated**. （慶應大）
>
> 訳 引用されている書物は，特に記載がなければロンドンで印刷されたものである。

またotherwiseが過去分詞より後ろに置かれた形もあります。

> Take the medicine 30 minutes after meals, **unless advised otherwise** by a
> doctor. (上智大)
>
> (訳) 医師からの指示が特にない限り，その薬は食事の30分後に飲みなさい。

9.6 文修飾副詞

まず次の2つの文を比べてください。

(a) She didn't remember his face *clearly*.

(b) *Clearly*, she didn't remember his face.

(a)の文で副詞clearlyが修飾しているのは動詞rememberで，「彼女は彼の顔をはっきりと覚えていなかった」という意味です。一方，(b)の文でClearlyが修飾しているのはそれに続く部分全体，つまり「彼女が彼の顔を覚えていなかった（ということ）」の部分で，*It was clear that* she didn't remember his face.とほぼ同じ意味を表しています。したがって，訳は「明らかに，彼女は彼の顔を覚えていなかった」あるいは「彼女が彼の顔を覚えていなかったのは明らかだった」です。

この(b)のような使い方の副詞を「**文修飾副詞**」といいます。ただし，「文修飾副詞」という特別な副詞が存在するわけではなく，副詞の中にそういう使い方ができるものがいくつかある，と考えてください。文修飾副詞として使える副詞の数は多くないので，出会ったらその都度覚えておいて次にその副詞に出会ったら文修飾の可能性がないかどうか注意すればいいでしょう。

文修飾副詞の中には，いくつか意味のとりづらいもの，訳しにくいものがあります。それらを以下で例文とともに見ていきましょう。

① rightly / reasonably / understandably 「当然のことながら…」「…なのは当然だ［正しい，適切だ，理解できる］」

これらはすべて It is right [reasonable, understandable] that ... と置き換えて考えれば理解しやすいでしょう。

174

He was **rightly** punished.（彼が罰せられたのも当然だ。）

Understandably he was shocked.（彼がショックを受けたのも無理はない。）

② admittedly「（広く認められているように）確かに…（だが）」「…ということは認める（が）」

前後に逆接の意味の文脈があることがよくあります。

English spelling is **admittedly** difficult to learn. There are several reasons for this. （関西学院大）

（訳）英語のスペリングは習得が難しいことは広く認められているが，これにはいくつかの理由がある。

③ arguably「（議論の余地はあるかもしれないが，それなりの根拠もあるので）…と言っていいだろう［ほぼ間違いなく…だろう］」

最上級とともによく使われます。

Loss of biodiversity is **arguably** the biggest challenge facing humanity today. （慶應大）

（訳）生物種の多様性の欠如が，今日，人類に直面している最大の難題と言ってよかろう。

9.7 many a ＋単数名詞

「多くの…」の意味で〈**many a ＋単数名詞**〉という形が使われることがあります。意味はmanyと同じ「多くの」ですが，形式ばった英語で，文法上単数扱いをしますので，主語になった場合は動詞の形に注意が必要です。

Many a poet *has* struggled to express the same feeling.
（大勢の詩人たちが同じ感情を表現しようと苦心してきた。）

以下の英文では，that節の中で，文頭の〈Many a ＋単数名詞〉を受ける代名詞にtheyではなく単数形のsheが使われています。

Many a mother has commented that *she* has only to look at her daughter to be accused of criticizing her or thinking she is "fat"! （金沢大）

> 構文 has only to look at her daughter to ... は直訳すると「…するためには娘を見さえすればよい」だが，前から「娘を少し見るだけで…する」と訳したほうがわかりやすい。

> 訳 多くの母親が，娘のことをちょっと見るだけで，自分が娘のあら探しをしているとか，娘を「太っている」と思っているとか言って責められると言っている。

以下は前置詞の目的語の位置に many a がある例です。

The Scottish poet Robert Burns once noted that it would free us from **many a** mistake and foolish notion if we could see ourselves as others see us. （津田塾大）

> 訳 スコットランドの詩人ロバート・バーンズはかつて，もし私たちが他人の目に映るように自分自身が見えれば，多くの過ちや愚かな考えから解放されるだろうと述べた。

なお，次のような形を見て早とちりしないように注意しましょう。

Face masks are considered by *many a* useful way to stop the contraction and spread of the new coronavirus. （VOA news）

> 訳 マスクは多くの人々にとって，新型コロナウィルスの感染と拡大を防ぐ有益な方法だと考えられている。

これは，by many people の意味の by many が be considered a useful way（有益な方法だと考えられている）という第5文型の受け身の形の considered と補語の間に置かれた結果，たまたま many と a が並んだケースです。

9.8 　the last year

　last year は「去年」です。では the last year とはいつのことでしょう。もちろん，I am in **the last year** of high school.（私は今高校の最終学年です）のような「最後の1年」という意味もありますが，ここではそれとは違う期間

の意味を確認しておきましょう。

次の2つの文を比べてください。

> (a) I went to Hawaii twice **last year**.
> (b) I went to Hawaii twice in **the last year**.

(a) は「私は去年ハワイに2回行った」です。今が仮に2023年の6月だとすると，last yearは2022年（の1月〜12月）という意味です。ところが，(b) のようにlastの前にtheがあると「（現在から振り返って）ここ1年間（で）」の意味になり「私はここ1年でハワイに2回行った」となります。この場合のthe last yearは2022年の7月頃から2023年の6月までの年をまたいだ1年間ということになりますので注意しましょう。

以下，類例を見ておきましょう。

> Oil prices have risen sharply over **the last year**.
> （この1年で石油価格は急上昇した。）
> I have been in (the) hospital for **the last month**.
> （私はこの1か月入院しています。）

なお，lastの意味を見分けるには，theの有無だけでなく，last year（去年）やlast month（先月）などが前置詞がなくても副詞的に使われることも手がかりになります。また，last year [month]のように明らかに過去を表わす表現は現在完了形とともに使えないのに対して，the last year [month]（この1年，この1か月）は上記の例のように現在完了形とともに使われることもあります。辞書で用例をよく確認しておくことをおすすめします。

9.9 離れたところにかかる only

〈**only if SV**〉（SがVする場合にだけ→SがVする限り）という条件を表す副詞節のonlyがif節と離れた位置に置かれる場合があります。

A relationship can **only** develop **if** both people are interested in pursuing it.

（電気通信大）

（訳）人間関係は双方がともにそれを追い求めることに関心がある場合にのみ進展しうる。

only がこのように修飾する副詞節から離れるのは if の場合だけではありません。〈**only because SV**〉（S が V するというだけの理由で），〈**only when SV**〉（S が V するときだけ→S が V して初めて）などの場合でも only が離れることがあるので注意しましょう。

> You **only** realize it **when** you try it yourself.
> （自分でやって初めてそれに気づく。）
>
> His works **only** became famous **after** his death.
> （彼の作品は彼が亡くなってようやく有名になった。）

9.10 True,

以下の対話文では，二人目の冒頭の "True," は相手の発言を受けて That's true のような意味で使われています。

> "English is a difficult language to learn."
> "**True,** but the grammar is quite easy." （広島修道大）
>
> 訳
> 「英語は勉強しにくい言葉だよ」
> 「確かにね。でも文法はとても簡単だよ」

しかし同じ True, ... という形でも，以下の場合は用法が異なります。

> Critics of zoos often point out the poor conditions in which animals are kept. **True,** conditions inside zoos can never duplicate those of nature.
> （慶應大）
>
> 訳 動物園を批判する人は動物が飼育されている劣悪な状況を指摘することがよくある。確かに動物園内の状況が自然の状況を再現することは不可能かもしれない。

先ほど冒頭で見た例では True は前文の内容に関して「本当だ」と言っていたのですが，上の文の True が「本当だ」と言っているのは，True の後に続く部分です。なぜなら，この形は次の(a)のような譲歩の構文と同じ意味を表しているからです。

(a) **It is true that** money is important, *but* it's not as important as health.
↓

(b) **True,** money is important, *but* it's not as important as health.
（お金が重要なのは確かだが，健康ほど重要ではない。）

(a)でTrueだと言っているのは形式主語Itが指しているthat節の内容ですから，それが(b)ではTrueのカンマの直後の部分にあたります。したがって，(b)も(a)の構文同様に，譲歩の意味が終わった段階で，but, however, nonethelessなどの逆接の語句が後に現れ，その後で筆者の主張が展開されるのが普通です（冒頭にあげたThat's trueの意味のTrueでも直後にたいていbutが置かれます）。

9.11 one too many

too many は「多すぎる」ですが，数詞を含んだ表現の後にこのtoo manyを添えて，それが「本来なくてもよい余計なもの」であることを表すことがあります。

You said *one word* **too many**.
（お前一言多かったぞ。）

People with Down syndrome are born with *one chromosome* **too many**.
（ダウン症の人は染色体を正常な場合より1つ多く持って生まれてくる。）

You gave him *one chance* **too many**.
（お前はあいつにチャンスを1回余計に与えてしまった。）

A close friend of mine once found himself with two girlfriends, both of whom he loved, desired, and admired. Two, however, were **one too many**.

（千葉大）

訳　私の親友にはかつて2人のガールフレンドがいて，彼はその2人をどちらも愛し，求め，尊敬していた。しかし，恋人2人というのは1人余計であった。

男性1人に対してガールフレンドが2人という状況がone too manyということですね。2文目のTwoはTwo girlfriendsの意味です。

これと同様の形で**once too often**というのがあります。何かを1回余計にしてしまって，それが好ましくない結果につながるときに用いる表現です。

The clerk lied **once too often** and was fired.
(その店員は懲りずにまたうそをついて，ついにクビになった。)

9.12 比較級強調の even, still, yet

比較級を強調する副詞には2つのグループがあります。

① much, a lot, far, a great deal

たとえば，Tom is **much** *taller* than Bob. は「トムはボブよりはるかに背が高い」で，TomとBobの身長差が大きいことを述べています。ただ，この文で大切なのは，tallerという語があってもTomがtallだとは言っていないということです（TomもBobも2人とも幼稚園児かもしれません）。

② even, still, yet

しかし Tom is **even** *taller* than Bob. となると話は変わります。この文は，比較の相手（Bob）がtallであることを前提として，「トムは（背の高い）ボブよりも<u>さらに背が高い</u>」と言っているのです。

さらに，even, still, yet の3つの副詞のうち，**still と yet は比較級の後ろにも置くことができます**。用例を見ておきましょう。

Doctors have been in busy practice since the earliest records of every culture on Earth. It is hard to think of a more dependable or enduring occupation, *harder* **still** to imagine any future events leading to its extinction.　　　　　　　　　　　　　　　　　　　　　　　　　　　　（九州大）

> **訳** 医者は地球上のどの文化においても最も初期の時代からずっと忙しい職業である。医者以上に信頼でき永続的な職業を考えるのは難しいし，この職業を消滅させる結果につながるどんな将来の出来事でも想像するのはさらに難しい。

前にあるhardを受けた比較級harderがstillによって強調されています。

また慣用句として，文頭に前置き的に使われる次のような副詞句にもこの用法が見られます。

More alarming **still**, the world is losing its ability to soften the effect of shortages.　　　　　　　　　　　　　　　　　　　　　　　　　　（静岡県立大）

> （訳）さらに不安なのは，世界が不足の影響を軽減する能力を失いつつあることだ。

9.13　最上級強調の imaginable, possible

まず，動詞 imagine（想像する）の派生語の形容詞を整理しておきましょう。

(a) **imaginary** … 「想像上の，架空の」

　　A dragon is an *imaginary* animal.（竜は架空の動物だ。）

(b) **imaginative** … 「想像力豊かな」

　　He is an *imaginative* writer.（彼は想像力に富んだ作家だ。）

(c) **imaginable** … 「想像できる限りの」

ここでは (c) の imaginable の用法に注目しましょう。語法上「最上級や every で修飾された名詞の強調に使われる」のが特徴です。

　　This is the best **imaginable** way.
　　（これが考えられる限り最良の方法だ。）

しかもこの imaginable は**1語でも，修飾する名詞の後ろにも置ける**という特徴があります。最上級は「何の中でいちばんか」という比較の対象の範囲を後ろに置きますが，この imaginable も以下の最上級の例文のイタリック体の部分と同じ感覚で最後に置かれているのだと推測されます。

　　This is the best way *of all*.　　　　　　　（すべての中で）
　　This is the best way (*that*) *I've ever found*.　（私がこれまで見つけた中で）
　　This is the best way **imaginable**.　　　　　（想像できる中で）

では，この後置修飾の形の具体例を見ておきましょう。以下は筆者が子どもの頃にディズニー・ワールドに連れていってもらい，そこで初めて子どもだけで自由行動を許されたときの気持ちを述べた英文の一節です。

Think of the thrill that was! We were in the coolest place **imaginable** and we had the freedom to explore it on our own. (下関市立大)

訳 その興奮を考えてみてください。私たちは考えうるいちばん素敵な場所にいて，自分たちだけでそこを探検する自由が持てたのです。

このimaginableと同じ使い方ができる形容詞にpossibleがあります。「可能な限り，考えうる」という意味です。

But if you were absolutely determined to arrive at your destination in the shortest time **possible**, you would study the map carefully, charting out your route for each day. (お茶の水女子大)

語句 chart out 計画する

訳 しかし可能な限りの最短の時間で目的地に着こうと固く決心しているなら，地図をていねいに読んで，日々の進路の計画を立てるだろう。

9.14 否定を強調するwhatever

whateverには節をまとめる複合関係詞の用法以外に，副詞として，否定語の後に置かれて否定を強める働きがあります。not *at all*の*at all*と同じような役割だと考えれば理解しやすいでしょう。

There is now *no* doubt **whatever** that eco-tourism has a strong appeal to large numbers of travelers. (埼玉大)

訳 今ではエコツーリズムが多くの旅行客にとって大きな魅力を持っていることはまったく疑いがない。

否定を強調するこのwhateverと同様の使い方をするwhatsoeverという副詞もあります。こちらは節をまとめることはなく，もっぱら副詞で使います。

You are left without any point of differentiation **whatsoever** except price.

（慶應大）

> 訳 値段以外に差異を示す点はまったくない状態になってしまう。

9.15 　hence ＋名詞句

　hence は非常に格式ばった英語で使われる副詞です。意味は therefore とほぼ同じで「それゆえに，したがって」です。文頭だけではなく，文中でも使われます。

Hence it is important to remember the communicative dimension of modern medicine.

（東京大）

> 訳 したがって，現代の医療でのコミュニケーションに関する側面を覚えておくことは重要である。

　この hence という副詞の特徴的な使い方の一つに，直後に文の内容に相当する意味を表す名詞句を置くという用法があります。その場合は，その名詞句を文と同じように解釈することがポイントです。

I grew up in Quebec, **hence** *my love* of everything French.

> 訳 私はケベックで育った。だからフランス的なものすべてが好きだ。

この文は, hence my love of ... の部分を This is why I love ... のように解釈します。

I am not willing to continue under these rules, **hence** *my resignation*.

> 訳 私はこの規則のもとで続ける気はありません。だから辞任いたします。

hence my resignation の部分を This is why I will resign. のように解釈します。

9.16 副詞の this, that

　たとえば Who is **this** tall man?（この背の高い男は誰だ？）という文では，this も tall も形容詞でどちらも man を修飾しています。

　では次の文の this はどんな役割をしているでしょうか？

　　I was **this** tall when I was seven.

この文では this や tall の修飾する名詞がありません。tall は was の補語として働く形容詞で，this は「こんなに，このくらい」の意味で tall にかかる副詞の役割をしています。これは，目の前にいる人に自分が7歳の頃の背丈を手で示して「僕は7歳のとき，このくらいの身長だった」と人に説明している文です。

　このような副詞の this が，修飾する形容詞とともに名詞の後に置かれる場合があります。

　　I've never seen a spider **this** *big* before.
　　（これまでこんな大きなクモを見たことはない）

この副詞用法は this だけではなく that にもあります。

　　It's about **that** big.（それぐらいの大きさです）

　次の文の前置詞 into は「…に夢中になって」という形容詞のような意味を持っているので，副詞 that で修飾されています。

Clearly the guy just wasn't **that** *into* me, and at the time I felt a bit insulted.

（慶應大）

　　訳 その彼は私にそれほど関心がなかったことは明らかだったし，そのときはちょっと侮辱された感じがしたわ。

184

第10章 | 否定関連表現

10.1 least (1): not least

not least は「中でも特に」の意味のイディオムで，重要な側面を強調して言い添えるときに使い，especially に近い意味を表します。

Exports have decreased in many sectors, **not least** in the auto industry.
（多くの部門，とりわけ自動車産業において，輸出が減少している。）

特に **not least because** ... という形がよく出てきます。especially because（中でも特に…ということが理由で）という意味です。

The evolution of the London Underground mosquito fascinates me **not least because** it seems such an interesting addition to evolution's standard portfolio.　　　　　　　　　　　　　　　　　　　　　　　　　（東京大）

> **訳** ロンドン・チカイエ蚊の進化に私が魅了される理由は，とりわけそれが進化の標準的なポートフォリオ（サンプル集）に加えるべき興味深い進化に思えるからだ。

また **last but not least** という熟語があります。これは複数の項目を列挙した最後に前置きとして使う決まり文句で「順序的には最後になりましたが，決して重要度がいちばん低いわけではありません（むしろ非常に重要なことですが…）」という意味です。

However, I believe the problem can be dealt with on three levels: internationally, nationally, and **last but not least**, on a personal level.　　　　　　　　　　　　　　　　　　　　　　　　　　　　（福岡大）

> **訳** しかし私はこの問題は3つのレベルで対処可能だと信じています。国際的に，国内的に，そして最後ですが重要なのは個人的なレベルにおいてです。

〈**the least S can do**〉という表現は，little の最上級が使われていますから，文字どおり「S ができる最低限のこと」「S が最低限しなくてはいけないこと」の意味を表します。

> When we stop to consider all that they go through in order to protect our society, **the very least we can do** is afford them the same understanding they can get from their companion animal.
>
> (山形大)
>
> （注）文中の they, them は退役軍人を指す。
>
> （語句）companion animal ペット
>
> （訳）彼ら（＝退役軍人たち）が社会を守るために経験するあらゆることを改めて考えてみると，私たちにできるせめてものことは，彼らが自分のペットから得られるのと同じ理解を彼らに与えることである。

太字部分は「（本来彼らのためにはもっと多くのことをしてあげたいところだが，それができないので）私たちに最低限できること」の意味です。

〈the least S can do〉が，慣用的に使われた表現の意味もわかるようにしておきましょう。

> "It was thoughtful of you to send me the money. You saved my life. I'm much obliged." "Don't mention it. It was **the least I could do**."
>
> (川崎医科大)
>
> （語句）You saved my life. あなたのおかげで助かりました《慣用句》
> I'm much obliged. ありがとうございます《改まった表現》
> Don't mention it. どういたしまして
>
> （訳）「お金を送っていただきお気遣いありがとうございます。おかげで助かりました。恩にきます」「いいえ，大したこともできませんで」

直訳は「それ（＝私があなたにした行為）は，私にできる最小限のことでした」となります。もちろんこれは相手に対して「自分は大したことをしていませんからそんなに感謝していただかなくても結構です」「それくらいは最低限することです」というニュアンスを伝える一種の謙遜の表現です。決まり文句として覚えてしまって構いません。

10.3 least (3): not the least of which

not the least of which という定型句があります。whichの先行詞は直前に列挙された，複数の例や理由で，「その例［理由］の中の not the least は」が直訳です。the least は little の最上級ですから，直訳すれば「いちばん（重要性・注目度が）小さくない」ですが，ここは一種の言葉のあやで，実質的に「かなり重要」という意味を表します（必ずしも「最も重要」という意味ではありません）。つまり，not the least of which は「**その中でもかなり重要なこと**」という意味になります。

問　下線部を訳しなさい。

Rendered into Arabic, these precious documents established a solid foundation for the Muslim sciences, **not the least of which** was medicine.

（秋田大）

---

whichの先行詞は the Muslim sciences です。日本語訳は「これらの貴重な文書は，アラビア語に翻訳され，イスラム教の科学にとってしっかりとした基盤を確立したが，その中で特筆すべきなのは医学であった」となります。なお，文頭の Rendered ... の部分は，〈render A into B〉（AをBに翻訳する）という形の受け身が分詞構文になった形です。

この least の後に具体的な形容詞が置かれた次のような表現もあります。

You've got a lot to think about when you're facing a high-risk operation, **not the least important of which** is how to choose the right surgeon for the job.

（日本医科大）

語句 a lot = a lot of things　surgeon 外科医　the job = ここでは a high-risk operation のこと

訳 危険度の高い手術を受ける状況に直面しているときに考慮すべきことは多いが，その中でもかなり侮れないのは，その手術に適した外科医をいかに選ぶかということである。

また以下の英文では，notがnoneに置き換わっていますが，同じ意味です（この英文はアメリカ人が，年間の授業日数を180日から240日に増やす理由に関する議論について書いたものです）。

> This reasoning has left many people cold—**none the least of which** are the teachers who will be called on to be in school an extra 60 days a year.
>
> （専修大）
>
> (語句) reasoning 論拠　leave ... cold …にとって魅力がない　be called on to ... …するよう要求される
>
> (構文) none the least of which この which は前の many people を指す変わった用例。
>
> (訳) この論拠は多くの人にとって面白くない話で，中でも年間60日余計に学校にいることを要求される教師には特にそうである。

10.4　not A and B

　否定語 not の後に，〈A and B〉の形が出て来たら，not が and の後ろまで否定するのかどうか，注意を払う必要があります。たとえば，こんな英語のことわざがあります。

　　You can't have your cake and eat it.

この英文を and の前後で，{You can't have your cake} and {eat it}. のように分けて読むと，「『あなたはケーキを持つことはできない』そして『それを食べる』」という意味不明な文になります。

　ここは can't の否定の範囲が and の後ろまで及んで，文末までが否定されています。

　　You can't {have your cake <u>*and*</u> eat it}.
　　　　　　　　 A　　　　　　　 B

これは文字どおり「A と B の両方を手に入れることは不可能だ」と解釈します。「A と B を同時に持てない」のだから，それは言い換えれば，「A したら B しなくなる」という意味にも解釈できます。「ケーキを持っていること」と「それを食べること」は両立不可能な2つのこと，つまり「ずっと持っていたいなら食べることはできないし，食べたらなくなってしまうから手元にずっと持っていることはできない」ということから，「同時に都合のいい

状況を両立させることはできない」という意味になります。肯定文でThat's having your cake and eating it (too).（それはケーキを持っていてかつ食べるようなものだ→両立不可能だ）という形になることもあります。

　では，以下の対話文の下線部の意味を考えてみましょう。

Ryutaro: ... I've stopped drinking and I'm trying to exercise every day.

Steve: Any particular reason?

Ryutaro: Well, no — I just started to feel my age. <u>I can't eat or drink what I like and not suffer.</u>

（慶應大）

訳

リュウタロウ：…酒も止めたし毎日運動しようとしているんだ。

スティーブ：何か特別な理由でもあるのか？

リュウタロウ：いや，ただ年齢を感じ始めただけさ。［　　　？　　　］

下線部をandの前で切って「好きなものを食べたり飲んだりできない」とすると，その後ろのnot sufferの部分が意味不明になってしまいます。これもI can'tの否定の範囲を文末まで延ばします。

I can't {<u>eat or drink what I like</u> and <u>not suffer</u>}.
　　　　　　　　　A　　　　　　　　　　　　B

A（好きな物を食べたり飲んだりする）とB（苦しまない）は両立しない，と考えます。つまり「『好きな物を飲み食いして，かつ苦しまない』ことはありえない」ということですから，「好きな物を食べたり飲んだりすると必ず苦しむことになる」という意味になるわけです。

　以下は幼児の言語習得について書かれた英文の一節です。単語は簡単ですが，正しく読める人はほとんどいません。

Babies do**n't** wake up one morning **and** suddenly start to speak.

訳　赤ん坊はある朝目を覚まして突然話し出したりはしない。

don't wake upの部分を見て「目を覚まさない」と読んではいけません。notはandを越えて文末まで否定しているところがポイントです。

not for nothing

英語には for nothing という熟語があり，辞書には「①無料で，②むだに」という意味が載っています。これは前置詞 for の「交換」の意味がベースになっています。

(a) I got it **for nothing**.（私はそれを無料で手に入れた。）

(b) He went there **for nothing**.
（彼はそこに行ったがむだだった。＝彼はむだ足を踏んだ。）

(a) は手に入れた it と引き換えに相手に渡したものは nothing（何もない）ということなので「無料で」手に入れた，ということになります。(b) はそこに行ったのと引き換えに手に入れたものが何もなかった，ということなので「むだに」ということになります。

さて，この②の「むだに」の意味の場合，否定語 not とともに使われたときは意味に注意する必要があります。

(c) He *didn't* die **for nothing**.

この場合，didn't die の部分だけ取り出すと「彼は死ななかった」ように聞こえますが，この didn't は die for nothing（むだに死ぬ）という部分全体を否定して，「彼の死はむだではなかった」のような訳になります。

では，次の文はどう訳したらいいでしょう。

(d) He *didn't* study law **for nothing**.

(c) と同じく didn't はそれ以降全体を否定していますので，直訳は「彼はむだに法律を勉強したわけではなかった」となりますが，しばしば「彼はだてに法律を勉強したわけではなかった」とか「彼はさすが法律を勉強しただけのことはある」と訳されることもあることを覚えておくといいでしょう。

2020年のアメリカ大統領選挙の民主党候補選出の際，3月3日のいわゆるスーパーチューズデイで，それまで劣勢だった元アメリカ副大統領バイデン候補が勝利した際のスピーチの冒頭で "They don't call it Super Tuesday for nothing."（さすがスーパーチューズデイと呼ばれるだけのことはある）と言っていました。難しい単語は一つもありませんが，聴いて意味がさっとわかればかなり英語の上級者です。

さて，この not ... for nothing が強調構文の 〈it is ... that〉 の 〈...〉 の位置で強調されて使われることがありますが，意味はほとんど変わりません。

It is **not for nothing** *that* he is regarded as the founder of modern science.
（彼が現代科学の創始者だとみなされるのは納得がいく。）

It was **not for nothing** *that* she was at the top of the class.
（彼女がクラスで一番になったのもはっきり理由があってのことだ。）

入試では次のように出題されています。

Humans do this kind of interpersonal ledger balancing too. **It's not for nothing that** if a friend lends you $10, you feel a faint sense of unease until you pay it back. （大阪市立大）

(訳) 人間もこうした類の個人間での取引きの相殺行為をする。もし友人があなたに 10 ドル貸してくれたらそれを返済するまであなたが少し落ち着かないのはもっともなことなのである。

この not for nothing が文頭にあると，「否定の意味を含んだ副詞要素が文頭に置かれると後に続く S ＋ V が倒置を起こす」というルールで，後ろが疑問文の語順になります。

Fire, however, is a very special tool. **Not for nothing** *is it* identified in many human cultures as the preserve of the gods. （信州大）

(訳) しかし火は非常に特別な道具である。多くの人間の文化の中で神の領域とみなされているだけのことはある。

But if a trip to the supermarket causes more decision fatigue in the poor than in the rich, by the time they reach the cash register, they'll have less willpower left to resist chocolate bars. **Not for nothing** *are these items* called impulse purchases. （東京大）

(訳) しかし，もしスーパーに行くことが，お金持ちよりも貧乏な人において，決断疲れをもたらすのであれば，彼ら（＝貧しい人）はレジに到達する頃までには，チョコレートバーを我慢するために残された意志の力もより少なくなる。こうした品物が衝動買い品と呼ばれるだけのことはあるのだ。

なお "Not for nothing, but ..." は口語で「気を悪くしないでほしいんだけど…」「こんなこと言いたくないんだけど…」のような，相手に対する批判や指摘を和らげる前置きのように使われる慣用句です。

10.6 no amount of

〈a large amount of + 名詞〉（大量の 名詞）→ 〈a small amount of + 名詞〉（少量の 名詞）という流れで考えると，〈***no* amount of** + 名詞〉は「ゼロの量の 名詞」，つまり 名詞 が全然ない，という意味だと誤解しやすいのですが，むしろ逆で「いかなる量の 名詞 をもってしても（…ない）」という意味で解釈します。

No amount of reasoning could convince him.
（どんなに説得しても彼は納得しなかった。）

reasoning は「論法」の意味で，直訳は「いかなる量の論法も彼を納得させることはできなかった」となります。

以下の文法問題は，この形に〈too… to ～〉構文が絡んでいます。

10

否定関連表現

問　次の英文の空欄に最も適当なものを1つ選びなさい。

No amount of money is (　　) to spend on home.

　ア　too few　　イ　too least　　ウ　much more　　エ　too much

(関西学院大)

正解はエで「どれほどお金があっても，家に費やすのには多すぎることはない（＝家にはいくらでもお金をかけてよい）」という意味です。No amount of ... の中に否定の意味が入っていることに注意しましょう。

10.7 no two

〈no two + 名詞〉という表現があります。「いかなる2つの 名詞 も…しない」「…である 名詞 は2つとない［2人といない］」といった意味で，しばしば「同じ・似ている」といった語句とともに使われて「2つと同じものはな

い」のような意味で用いられます。

> **No two** fingerprints have ever been found to be exactly the same.
>
> （東北薬科大）
>
> 〔訳〕二つの指紋が全く同じだと判明したことはない。

> **No two** people solved the problem the same way.　　　（一橋大）
>
> 〔訳〕その問題を同じように解いた人は二人といなかった。

> **No two** snowflakes are ever exactly the same, but they all have sixfold symmetry.　　　（徳島大）
>
> 〔訳〕雪の結晶は全く同じものは二つとないが，みな6回対称性を持つ。

ちなみにこの構文に比較がからむとちょっと意味がわかりづらくなります。

> **No two** people are *less* alike *than* Tom and his brother.

直訳すると「トムと弟以上に似ていない2人の人間はいない」ということですから，「トムと弟ほど似ていない2人は他にいない」「トムと弟は（兄弟なのに）まったく似ていない」という意味を表します。

10.8 　not＋主語

　英語には**Nobody** came. とか**Nothing** happened. のような主語の中に否定を含む表現が存在しますが，日本語にはこのような表現がないため，訳出するときは「誰も来なかった」とか「何も起きなかった」のように述語部分を否定して訳すことになります。
　上にあげたような否定の意味の代名詞以外では次のような形に注意しましょう。

① not＋every[all, both など]〔部分否定〕
　every, all, both のついた主語の名詞句の前にnotが置かれます。「（すべて）

…するわけではない」「…するとは限らない」のように訳すのが慣例です。

> **Not every** student wants to go to college.
> （生徒が全員大学に行きたいと思っているわけではない。）

② not a（single）...「…が一つ［一人も］〜ない」

〈**not a (single)** +名詞〉の形で，「名詞が（ただの）一つもない」ことを強調しますが，訳すときはやはり述語のほうが否定になります。

> **Not a** soul was to be seen on the street.
> （通りには人っ子ひとり見えなかった。）
> ▶この soul は「人」。was to be seen は〈be to 不定詞〉の用法で could be seen の意味。

③ not even ...「…でさえ〜ない」

〈**not even** +名詞〉の形で「名詞ですら〜ない」の意味になります。

> **Not even** his salesmanship could sell the house.
> （彼の売りこみの手腕を持ってしてもあの家は売れなかった。）
> **Not even** a giant could carry this parcel.
> （巨人だってこの荷物は運べないだろう。）

> Friend is one of those words on whose exact meaning **not even** dictionaries are very helpful. （慶應大）
>
> 〔訳〕 友人とは辞書ですらその正確な意味に関してはあまり役立たない単語の一つである。

関係詞節は on から始まり，先行詞 those words と切り離せば，**Not even** dictionaries are very helpful on their exact meaning. となります。この on は「…について」の意味です。

10.9　not without

notという否定語と，同じく否定の意味を含んだ前置詞 without が同時に使われた場合，以下の3つの可能性があります。

①「～なしでは…ない」とそのまま否定的に解釈する場合

I can**not** read **without** glasses.（私はメガネなしでは字が読めません。）

Do **not** copy or quote **without** permission.

（許可なしで複製，引用は禁ずる。）

この形で，notが1語で直前の否定文の代用をする場合があります。

The baby couldn't walk, at least **not without** my help.

（その赤ん坊は歩けなかった。少なくとも私の助けなしでは。）

このnot ... はThe baby couldn't walk ... の意味を表していると考えればいいでしょう。

②「～なしでは…しない」→「…すれば必ず～する」と肯定的な意味で解釈する場合

I can**not** read this story **without** crying.

（泣かずにこの物語は読めない。→私はこの物語を読むと必ず泣いてしまう。）

③ イディオム

英和辞典でwithoutを引いてみると，〈**not without A**〉が「Aがないというわけではない（それなりにある，少なからずある）」という意味のイディオムとして載っています。

This interpretation is **not without** criticism.

（この解釈には批判がないわけではない。）

例を見ておきましょう。

Whatever the field of study, collaboration between amateurs and professionals is **not without** its difficulties. The most serious problem is the question of how professionals can best acknowledge the contributions made by amateurs.　　　　　　　　　　　　　　　（中央大）

(訳) 研究分野が何であれ，アマチュアとプロの共同作業には困難がないわけではない。最も深刻な問題は，プロがいかにしてアマチュアによってなされた貢献を最も適切に認めることができるかという問題である。

この not without の後には, difficulties, controversy, problems のような語が来ることが多いように思いますが, 次のような例もあります。

> Technological change and its acceptance by our culture have since advanced far more rapidly, but **not without** consequences. （関西大）

（語句）since［副］それ以来

（構文）its acceptance by ... は it is accepted by ... の意味で, 所有格の用法に注意（⇒ 8.8）

（訳）科学技術の変化と, 私たちの文化によるその受け入れは, それ以来はるかに急速に進展した。だが, このことはそれなりの影響をもたらした。

10.10　any ... not

「まったく…ない」の意味を any [anyone, anything, etc.] と not を使って表す場合, any→not の語順で表すことはできません。たとえば「何事も起こらなかった」は（×）*Anything* did *not* happen. とは言えず, Nothing happened. となります。

ところが, any が数量の意味ではなく「どんな種類の…でも」という自由選択の any（no matter which の意味）のときは, この語順が使われることがあります。

> If **anyone doesn't** behave, he will punish them.
> （もし誰でも行儀の悪いことをする人がいれば, 彼は罰を与えるだろう。）

この anyone doesn't は「…する人が存在しない」という意味ではなく,「たとえどんな人であっても…しない」という意味なのでこの語順が可能になります。

> In fact, **any** group of people who do not compete successfully — for whatever reason — **do not fit** into the mainstream of American life as well as those who do. （秋田大）

（訳）実際どのような理由であれ, 競争して勝てない人々の集団は, どんな集団でも, 競争して成功する人々ほど上手には, アメリカの生活の主流派に合わないのである。

普段小文字で書かれる普通名詞の語頭が大文字で書かれている場合は，固有名詞であったり，もしくは特別な意味で使われている可能性があるので要注意です。以下にいくつか例をあげておきましょう。

cancer　がん	**Cancer**　かに座
channel　海峡	**the Channel**　イギリス海峡
city　都市	**the City**　シティ《ロンドンの金融中心地》
creation　創造	**the Creation**　天地創造
death　死	**Death**　死神
east　東	**the East**　東洋，アメリカ東部
west　西	**the West**　西洋，アメリカ西部
father　父	**Father**　神父
fortune　幸運	**Fortune**　①運命の女神　②『フォーチュン』《アメリカのビジネス雑誌》
he, his, him	**He, His, Him**　神
mercury　水銀	**Mercury**　水星
middle age　中年	**the Middle Ages**　中世
state　州，国家	**the States**　アメリカ合衆国

大文字が小文字になると意味が変わる逆のパターンにも注意しましょう。

China　中国	**china**　（陶）磁器
Japan　日本	**japan**　漆，漆器

第11章 | 前置詞

まず，名詞の後に前置詞が続く，以下の形を見てください。

① a *book* **about** Japanese culture（日本文化についての本）
② *students* **in** the classroom（教室にいる生徒たち）
③ a *present* **for** you（あなたのための贈り物）

次に，以下の④〜⑥の形を見てください。これは，上の①〜③の最初の名詞と直後の前置詞の間にbe動詞を置いた形ですが，①〜③がわかれば意味がわかるでしょう。

④ This *book* is **about** Japanese culture.
（この本は日本文化についての本です。）
⑤ The *students* were **in** the classroom.（その学生たちは教室にいた。）
⑥ This *present* is **for** you.（この贈り物はあなたのための物です。）

さて，今度は次の⑦〜⑨の例文を見てください。

⑦ His *loyalty* was **to** America.
⑧ The last *appeal* was **to** the Supreme Court.
⑨ The *effect* is **on** children's sleep.

これも④〜⑥と同じくbe動詞の直後に前置詞がありますが，こちらのほうが意味がとりづらいのではないでしょうか。このような場合，be動詞を取り去って前置詞を前の名詞に続けて①〜③のような形に書き換えてみると，前置詞の意味が明確になります。

以下の，［＜］記号の右側が⑦〜⑨からbe動詞を取った形です。

⑦ His *loyalty* was **to** America.
（彼の忠誠心はアメリカに向けられたものだった。）
　　＜　his *loyalty* **to** America（彼のアメリカに対する忠誠心）
⑧ The last *appeal* was **to** the Supreme Court.
（最後の訴えは最高裁に向けられた。）
　　＜　the last *appeal* **to** the Supreme Court（最高裁への最後の訴えかけ）
⑨ The *effect* is **on** children's sleep.（影響が子供の睡眠に対して及ぶ。）
　　＜　the *effect* **on** children's sleep（子供の睡眠への影響）

以下の英文では，⑦〜⑨で説明した形が使われています。

As Japanese as I was in many ways, my feelings were those of an American
and my **loyalty** was definitely **to** the United States. （筑波大）

（語句） as … as ⇒ 7.9　in many ways 多くの点で

（訳） 私は多くの点で日本人的ではあったが，私の感情はアメリカ人の感情で
あり，私の忠誠心は間違いなくアメリカに向けられていた。

Here the **appeal** is **to** piety and **to** the end of building a people's morale,
their sense of pride. （明治学院大）

（訳） この場合，訴えかける対象は，敬愛の気持ちと，一つの民族の士気，す
なわち自尊心を築き上げるという目的である。

Such initiatives, by themselves, can only have a marginal effect, and that
effect is more likely to be **on** attitudes than **on** behaviour. （名古屋市立大）

（訳） こうした先進的事業は，それ自体では，わずかな影響を及ぼしうるだけ
で，その影響は行動よりは考え方のほうに及ぶ可能性が高い。

11.2　前置詞の連続

　前置詞が2つ以上並んで出てくる場合があります。といっても，たとえ
ば，I think he's really looked up **to by** leaders around the world.（私は彼が世界
中のリーダーから本当に尊敬されていると思う）のように，前置詞で終わる句
動詞の受け身の後にbyがある場合などは，その2つの前置詞が文法的につ
ながっているわけではありませんから，ここでは扱わないことにします。
　それ以外のパターンを見ておきましょう。

① 前置詞exceptの後

　I go fishing **except** *on* rainy days.
　（雨の日以外は釣りに出かける。）

② 二重前置詞

前置詞の中には，その目的語の位置に〈前置詞＋名詞〉という前置詞句を置けるものがあり，結果的に見た目が〈前置詞＋前置詞＋名詞〉となります（このような形を二重前置詞と呼ぶことがあります）。この場合，1つ目の前置詞はたいてい，「から」を表す from（…から），since（…以来）と，「まで」を表す till [until]（…まで），to（…まで）です。

以下の(b)の例では二重前置詞を使うことで(a)との意味の差を表しています。

(a) He didn't come home **until** midnight. ※帰宅したのは12時。
（彼は夜の12時まで帰って来なかった。）

(b) He didn't come home **until after** midnight. ※帰宅したのは12時過ぎ。
（彼は夜の12時過ぎまで帰って来なかった。）

この until と after の間に well（十分に）という副詞が入り込むことがあります。until well after ... で「…が終わって十分時間が経つまで」という意味です。

... and the first English novels did not appear **until** *well* **after** the invention of printing in the fifteenth century.　　　　　　　　　　　　（日本女子大）

（訳）…そして，最初の英語の小説は15世紀の印刷術の発明後かなり経つまで現れなかった。

ちなみに after には前置詞の他に接続詞としての用法がありますので，上で書いたような使い方は after が接続詞でも同じように使われます。

Some people say that they never realized how much they loved their childhood **until after** they grew up.　　　　　　　　　　　　　　　　（関西大）

（訳）成長してからやっと自分が子供時代をどれほど楽しんだのかがわかったと言う人もいる。

2つ目の前置詞が複数の語からなる前置詞の場合もあります。

move the table *to* **in front of** the couch
（テーブルをソファの前に移動する）

move my office *to* **across from** the library
（オフィスを図書館の向かいに移転する）

③「Aの代わりにB」のような意味の前置詞の場合

Starting with the 1994 Winter Olympics, the winter and summer Games have been held *two years apart*, **instead of** *in the same year*.

訳 1994 年の冬季オリンピックから，冬と夏の大会は同じ年ではなく 2 年間隔で開かれている。

instead of の両側にあるイタリックの部分を両方とも副詞句で揃えるためにこのような形になっています。

　この instead of の後に前置詞句が置かれた形は，入試問題でも出題されています。

You are introduced to a man who spends his time looking *over your shoulder or around the room* **instead of** *at you* as though he were looking for someone more interesting to talk to.　　　　　　　　　　　(電気通信大)

訳 ある男性に紹介されて，その人が，会話をするのにもっと面白い相手を探しているかのように，あなたを見ずに，肩越しに視線を投げたり，部屋中を見回したりして過ごすことがあるでしょう。

④ その他

　最後に save for（…を除いては）という前置詞句の後に他の前置詞が続いた例を紹介します。

Artists fortunately remind us that there is in fact no single, correct way to look at any work of art, **save for** *with* an open mind and patience.

　　　　　　　　　　　　　　　　　　　　　　　　　　　　　(同志社大)

訳 幸いなことに芸術家は，どんな芸術作品でも，寛容な心と忍耐力を持つこと以外，唯一正しい鑑賞方法など実際にないということを私たちに思い出させてくれる。

11.3　about (1): S is about X

be動詞の後にaboutがある場合，「…について」という意味の場合は問題なく意味がとれると思います。

　This book is **about** Japanese history.
　（この本は日本の歴史に関するものだ。）

この他に，英語の前置詞aboutには，物事の「目的，本質，意図」を表す用法があり，

　S is about X.「**Sの本質 [ねらい，目的，最も重要な点] はXである**」

という形がよく使われます。
　例を見てみましょう。

Politics is clearly **about** power.　　　　　　　　　　　　　　　（学習院大）

　（訳）政治において重要なのが権力であることは明らかである。

このaboutの後に動名詞が置かれた形も見ておきましょう。

Education in its deepest sense has always been **about** doing, rather than **about** knowing.　　　　　　　　　　　　　　　　（お茶の水女子大）

　（訳）最も深い意味における教育とは，常に物を知ることよりも行なうことが主眼とされてきた。

このaboutの前にallが入ることもよくあります。

Some people think that language is **all about** communicating information.
　　　　　　　　　　　　　　　　　　　　　　　　　　　（学習院大）

　（訳）言語の目的は情報の伝達が全てだと考える人もいる。

　なお，aboutが普通の「…について」の意味で使われた場合との区別にも注意しましょう。What is this book about? は「この本は何に関する本ですか？」という意味ですが，What is your life about? なら「あなたの人生の目的は？」「あなたが生きている意味は？」といった意味になります。

about (2): what S is all about

　ここでは **what S is all about** という英語でよく使われるフレーズを研究します。このフレーズの about は前の課（⇒11.3）でみた about と同じで，「目的，本質，意図」を表していて，what S is all about は「Sの目的［本質］」とか「Sにおいて重要なもの［こと］」という意味になります。英語で言い換えると，

　　what S is all about ＝ the essence of S（Sの本質）

と考えればわかりやすいでしょう。
　まずは用例を見ておきましょう。

Playing is **what childhood is all about**, and children give themselves up to it whole-heartedly.
（東京大）

(語句) give oneself up to ... …に熱中する

(訳) 遊ぶことは子供時代の本質であり，子供たちは遊びに心から打ち込むのである。

Good manners, those that help people become "nice to be with," are **what etiquette is all about**.
（関西学院大）

(訳) 良い礼儀作法，すなわち人が「いっしょにいて素敵な人」になるのに役立つ作法がエチケットの本質である。

　この what S is all about の主語Sが it の場合，it が「人生」を指すことがあります。

The daily lives of most of us are full of things that keep us busy. But every now and again we find ourselves drawing back and wondering **what it is all about**.

(語句) every now and again 時おり　draw back and wonder（普段の生活から）一歩下がって考える

(訳) 私たちほとんどの日常生活は，私たちを絶えず忙しくさせる物事に満ちている。しかし時折私たちは，ふと気がつくとそれらから一歩離れて，人生の目的とは結局何なのだろうかと考えていることがある。

またSの位置にall the fuss（大騒ぎ）とかall this trouble（このごたごた）のような語句が置かれて，怒りの感情を表す，

　　What's all the fuss about?（この騒ぎはいったい何だ？）

のような表現があります。これを間接疑問文の形にしたのが次の英文です。

Ms. Woods wanted to know **what** all the trouble **was about**.　　　（立命館大）

　（訳）ウッズさんはそのごたごたすべての元が何なのか知りたがっていた。

11.5　前置詞 but

but に except の意味の前置詞用法があることは比較的よく知られています。

　Nobody else **but** you could have done it?
　（君以外の誰にそれができただろうか。）

　上の文では but you という前置詞句が修飾する Nobody else が直前にあるのでわかりやすいですが，修飾する語が離れると，but の機能が見えづらくなる場合があります。

What is a car **but** a modern version of a magic carpet, ready to take its passengers wherever they command at the turn of a key?　　　（津田塾大）

　（訳）車とは，キーを回せば乗っている人を命令されたどこにでも喜んで連れていってくれる現代版の魔法のじゅうたん以外の何物でもない。

このbutは前置詞で，文末までを1つの形容詞句にまとめ，句全体が冒頭のWhatを修飾します。What is a car but ... ? 全体が修辞疑問文になっていて，「車とは…以外の何なのであろうか（いや…以外の何物でもない）」という意味になります。

11.6　given

givenには前置詞の用法があって，次の2つの意味があります。どちらも if given ... の意味の分詞構文から派生したと考えることができます。

①「…を考慮すると」

considering ... とほぼ同義です。

> **Given** the present situation, we can expect no further progress.
> （現状を考えると，さらなる進歩は期待できない。）

②「…があれば［与えられれば］，…があると仮定すると」

> **Given** more time, we might have found a different solution.
> （もっと時間があれば，別の答えが見つかったかもしれない。）

なお，このgivenは後にthat節が置かれることもあり，その場合はgiven that ... を1つの接続詞のようにみなして考えてもよいでしょう。

And **given that** it can now be as easy to work with people remotely as it is to work face-to-face, cross-cultural communication is increasingly the new norm.　　　　　　　　　　　　　　　　　　　　　　　（宇都宮大）

〔訳〕そして人と離れて働くことが，顔を合わせて働くことと今では同じくらい容易であることを考えると，異文化間交流はますます新しい標準となる。

なお，算数の文章題などで given that ... が「（数値が）…だと（仮定）すると」といった意味あいで使われることがあります。

> **Given that** the radius is 4 ft, find the circumference.
> （半径を4フィートとして円周を求めなさい。）

11.7 notwithstanding

notwithstandingという前置詞があります（副詞用法も辞書に載っていますが，ここでは扱わないことにします）。意味はdespiteと同じで「…にもかかわらず」ですが，なんとこの前置詞は，目的語となる名詞句の後ろにも置かれることがあります。

以下の問題ではその用法での意味が問われています。

For personal communication technologies, he argues, people react in pretty much the same way, <u>a few national variations notwithstanding</u>.

問　波線部の意味・内容にもっとも近いものを 1 ～ 4 の中から選びなさい。

1　but some national variations will resist the trend

2　since no national variations are permitted

3　so a few national variations are to be expected

4　though there are a few national variations

（同志社大）

訳は「彼の主張によると，個人向けの通信機器に対しては，人々は，国によって若干の違いはあるが，ほとんど同じように反応する」となります。notwithstandingの意味と，目的語の後ろに置かれることがある前置詞であるということがわかっていれば正解が4だとわかりますが，結構な難問かもしれません。

11.8 文頭のof

英文がOfで始まっている文には次のような可能性があります。

① Of が「…の中で」の意味の場合

これがいちばん多いと思います。このofはたとえば, He is the tallest **of** the three. (彼は3人の中でいちばん背が高い) といった文に使われているofと同じで, この〈of ...〉の部分が文頭に置かれて比較対象の範囲を表している, と考えればいいでしょう。したがって, たいてい最上級や集合全体を表す名詞とともに使われます。

Of the many flowers the Egyptians grew and celebrated in art, two were especially beloved, the lotus and the papyrus. (信州大)

〔訳〕エジプト人が育て芸術において褒めたたえた多くの花の中で, 特に2つが愛されていた。ロータス (蓮) とパピルスである。

② 補語になる〈of ...〉が文頭に置かれている場合

〈of + 抽象名詞〉の形の慣用表現 (⇒11.9) が文頭にあり, 全体が〈C+V+S〉の形の倒置が起こっている場合です。

Of particular interest to the Japanese company has been a planned $1.25 billion, 84-mile high-speed railway network in the U.S.A. (関西学院大)

〔訳〕アメリカ合衆国で計画された, 総工費12億5千万ドル, 全長84マイルに及ぶ高速鉄道網はその日本の会社にとって特に興味深いものであった。

文頭にある of は of particular interest to ... = particularly interesting to ... (…にとって特に興味深い) だと考えます。主語は has been の後ろの a planned ... railway network in the U.S.A. (アメリカ合衆国で計画された…鉄道網) です。

S is of (1): 慣用句の場合

　ここでは〈S is of ...〉のようにbe 動詞の後にいきなり前置詞の of が出て来る場合の可能性を検討していきましょう。

① 〈of ...〉の部分が慣用句の場合

〈S is **of the opinion** that ...〉（Sは…という意見を持っている）や〈S is **of the belief** that ...〉（Sは…という考えを持っている）などは慣用句として覚えておきましょう。

> The director of the division is **of the opinion** that they should give up the enormous project.　　　　　　　　　　　　　　　　　　　　　　　（慶應大）
>
> 〔訳〕その部門の部長はその巨大なプロジェクトをやめたほうがいいという意見である。

② 〈of ＋名詞〉= 形容詞 の意味の慣用句の場合

〈of ＋名詞〉が1つの形容詞のような意味を持つ形で，代表的なものに，**of value** = valuable，**of importance** = important，**of use** = useful などがあります。

> Literacy, that is, being able to read properly, is **of great practical use** in our society and the world.　　　　　　　　　　　　　　　　　　　　　　（一橋大）
>
> 〔訳〕読む能力，すなわち適切に本が読めることは私たちの社会でも世界でも大きな実用性を持っている。

　この〈of ＋名詞〉が第5文型（SVOC）の補語の位置にある場合はわかりづらいので注意が必要です。次の例は，see O as C（OをCだとみなす）のCの位置にこの形が置かれた場合です。

> But if you want to champion a multiculturalism which values diversity itself and sees all cultures as **of equal merit**, then ...　　　　　　（旭川医科大）
>
> 〔語句〕champion［動］（強く）支持する
>
> 〔訳〕だがもし多様性自体を重んじたりあらゆる文化に等しい価値があると考える多文化主義を支持したいのであれば，…

次の英文は，make OC の C の位置にこの 〈of + 名詞〉 が置かれています。この of ... を直前の experience にかけて読まないよう注意が必要です。

That Japan is the only country of non-Western cultural background to have achieved an advanced democratic system makes its experience **of particular importance** to the whole non-Western world.

(*The Meaning of Internationalization*, Edwin O. Reischauer)

訳 日本が西洋の文化背景を持たない国の中で，進んだ民主主義体制を実現した唯一の国家であるということが，日本の体験を西洋以外の世界全体にとって特に重要なものにしているのである。

なおこの 〈of + 名詞〉 が something や nothing などを後から修飾した場合は，

have something **of value**（価値のあるものを持っている）
say nothing **of importance**（重要なことは何も言わない）

となります。これを something of ... とか nothing of ... という熟語のように錯覚する人がいますので気をつけましょう。

11.10　S is of (2): of = having

〈S is of ...〉 の of が「…を持って」（≒ having）の意味で使われることがあります。慣用表現というわけではないので，様々な名詞が 〈...〉 の位置に来ます。その例を見ておきましょう。〈...〉 の位置に来る名詞は大まかに次のように分類できます。

① 「種類」という意味を持つ語：sort, type, kind など

The questions are typically **of two kinds**. (北里大)

訳 その質問は典型的に 2 種類ある。

② 「起源」という意味を持つ語：ancestry, descent, origin など

Had he been told they were **of Chinese origin**, he would not have been
surprised.　　　　　　　　　　　　　　　　　　　　　　　　　（学習院大）

> （構文）ここでの Had he been ... は Even if he had been ... の意味（⇒ 7.11）
> （訳）たとえそれらの起源が中国だと言われたとしても，彼は驚かなかっただ
> ろう。

③ 主語の持つ「特徴・性質」を表す語句

　necessity（必要性），size, height, intelligence, status, age など様々な語句が
置かれます。

Persons with learning disabilities are **of normal or higher intelligence**.
　　　　　　　　　　　　　　　　　　　　　　　　　　　　　（自治医科大）

> （訳）学習障害を抱える人は正常ないしそれ以上の知能を持っている。

He was **of neat appearance, of middle height**, ...　　　　　　（京都大）

> （訳）彼はきちんとした身なりで，平均的な背丈だった…

We know we won't live forever. But as long as we are **of sound mind and
body**, most of us would like to live for as long as we can.　　（学習院大）

> （訳）私たちは永遠に生きないことはわかっている。しかし健全な精神と肉体
> を持っている限りは，私たちのほとんどはできる限り長く生きたいと思うので
> ある。

11.11　S is of (3)：その他

　ここでとりあげる〈S is of ...〉という形は，⇒11.1で学習した，前置詞句
と前にある名詞との間にbe動詞が入り込んだパターンと考えることができ
ます。ofの前に主語と同じ名詞を補って考えるのがコツです。

The *picture* was **of** an apple orchard with a small girl at the front.

（センター試験）

> 〔訳〕 その写真は，小さな女の子が手前に写ったリンゴ園のもの［写真］だった。

The picture was (the picture) **of** an apple orchard ... と同じ意味を表しています。

このパターンでは，主語に memory という語が使われること多いように思います。

One of my best childhood *memories* is **of** the camping trips that my sister and I went on with my mother.

（九州大）

> 〔訳〕 子供時代の最高の思い出の一つは，姉と私が母と一緒に行ったキャンプ旅行の思い出だ。

My most precious *memory* is **of** preparing a big exhibit to introduce Japanese culture for the International Fair.

（センター試験）

> 〔訳〕 僕の最も貴重な思い出は，国際見本市で日本文化を紹介するために大きな展示の準備をしたことです。

memory 以外の単語の同じ形の文も見ておきましょう。

In fact, one of my biggest *fears* was **of** making speeches. （共通テスト追試）

> 〔訳〕 実際のところ，私が最もおびえていたことの一つがスピーチをすることだった。

次の例では，前置詞 of の持つ concerning（…に関して）の意味を表に出して訳したほうが日本語訳としては自然になるでしょう。

The most common *conception* of a minority is **of** a group of people who are distinct in race, religion, language, or nationality. （上智大）

> 〔訳〕 少数派の最もよくある概念は，人種，宗教，言語，国籍が異なっている人々の集団に関するものである。

英文の中に，ネイティブなら「あっ，この表現はあの有名な言い回しをもじったものだ」とわかる表現が使われていることがあります。以下にあげたものは，入試の中に現れた引用句（またはその「もじり」）です。

以下の英文の下線部が何を言いたいのかわかりますか？

> It has been said that <u>nine out of ten people like chocolate and the tenth one is lying</u>, but did you ever think about who gets the money you pay for our favorite chocolate?
>
> （センター試験）
>
> （訳）10人中9人はチョコが好きで10人目はウソを言っていると言われるが，お気に入りのチョコに支払うお金を誰がもらっているのか考えたことがありますか？

これはアメリカの漫画家John Q. Tulliusの言った "Nine out of ten people like chocolate. The tenth person always lies." が元になっています。「10人中9人はチョコレートが好きで，（チョコレートが好きではない）10人目の人はうそをついている」ということは，要するに「誰でもチョコレートが好きだ」ということをちょっとユーモラスに言っているわけです。

次の英文の元ネタはわかりますか？

> **A dangerous spectre is haunting China — the spectre of** rural unrest.
>
> （早稲田大）

これは1848年に発表されたマルクスの『共産党宣言』の冒頭にある "A spectre is haunting Europe — the spectre of Communism."（幽霊がヨーロッパに現れつつある。共産主義という幽霊が）という英文をもじったものです。rural unrestは「農村部の不安」という意味です。

どちらも元の英文を知っていないと，「なんでこんな凝った言い回しを使うんだろう」とか「なんでこんな語彙を使うんだろう」と思ってしまいますね。